# Finanzmathematik mit Excel

*kurz & gut*

# Finanzmathematik mit Excel

*kurz & gut*

*Michael Kolberg*

O'REILLY®

Beijing · Cambridge · Farnham · Köln · Sebastopol · Tokyo

Kommentare und Fragen können Sie gerne an uns richten:
O'Reilly Verlag
Balthasarstr. 81
50670 Köln
E-Mail: kommentar@oreilly.de


1. Auflage 2014



Bibliografische Information Der Deutschen Bibliothek
Die Deutsche Bibliothek verzeichnet diese Publikation in der Deutschen Nationalbibliografie; detaillierte bibliografische Daten sind im Internet über *http://dnb.de* abrufbar.

Lektorat: Imke Hirschmann, Köln
Korrektorat: Sibylle Feldmann, Düsseldorf
Produktion: Andrea Miß, Köln
Umschlaggestaltung: Michael Oreal, Köln
Satz: III-satz GbR, www.drei-satz.de
Druck: fgb freiburger graphische betriebe; www.fgb.de

ISBN 978-3-95561-836-0

Dieses Buch ist auf 100% chlorfrei gebleichtem Papier gedruckt.

# Inhalt

# Einführung

Bei jeder Investition geht es um die Situation, dass jemand für etwas Geld ausgibt und aus dieser Sache zu einem späteren Zeitpunkt – hoffentlich mehr – Geld zurückbekommt. Es handelt sich also meist um einen Fluss von Geldmitteln in zwei Richtungen – einen Zufluss und einen Rückfluss. Wichtig ist dabei natürlich, welchen Betrag man pro investierten Euro zurückerhält. Außerdem spielt hier der Zeitfaktor eine wesentliche Rolle: Es macht offensichtlich einen Unterschied, ob der Rückfluss des Gelds innerhalb eines kurzen oder eines längeren Zeitraums vonstattengeht – auch wenn die Summe der Zahlungen in beiden Fällen gleich ist. Für den, der Geld gibt, ist ein kürzerer Zeitraum vorzuziehen.

Die Rechenoperationen, die man durchführen muss, um derartige Sachverhalte zu kalkulieren, fasst man unter dem anspruchsvollen Namen *Finanzmathematik* zusammen. Für jemanden, der noch nie etwas damit zu tun hatte, klingt das sehr kompliziert – das ist es aber nicht. Im Allgemeinen kann man zwischen mehreren Aufgaben und Zielen der Finanzmathematik unterscheiden: der *Zinsrechnung* – der Verzinsung von einmaligen Beträgen –, der *Rentenrechnung* – mit regelmäßigen Ein- und Auszahlungen – sowie der *Tilgungsrechnung* – für die Tilgung von Krediten. Die Aufgaben und Ziele mögen dabei zwar unterschiedlich sein, die Methoden, die dabei zur Lösung eingesetzt werden, sind aber – zumindest nahezu – identisch.

Für diese Aufgaben stellt Ihnen Microsoft Excel etwa 60 finanzmathematische Funktionen bereit, die das Arbeiten enorm erleichtern. Diese Funktionen beruhen zum großen Teil auf der vielleicht allgemein bekannten Zinsformel. Diese Herkunft ist aber auch für einen

Experten in diesem Bereich meist nicht mehr ersichtlich. Excel verwendet unterschiedliche Ansätze zur Lösung der Probleme, sodass keine langwierigen Umformulierungen der Zinsformel durchgeführt werden müssen. Außerdem wurden in vielen Fällen iterative Techniken eingesetzt, bei der Sie nur einen Schätzwert eingeben müssen. Im Prinzip müssen Sie die Funktion immer nur mit den absolut notwendigen Argumenten versorgen und die Berechnung starten. Auch trennt Excel nur bedingt zwischen der *Zinsrechnung*, der *Rentenrechnung* und der *Tilgungsrechnung*, und das ist auch sinnvoll, da viele Funktionen für mehrere Aufgaben in gleicher Weise eingesetzt werden können.

Die Funktionen in der Gruppe *Finanzmathematik* sind aber nicht nur für Spezialisten in diesem Bereich interessant, sondern für alle Personen, die sich für Geldanlagen interessieren. Grundkenntnisse in der Arbeit mit Microsoft Excel – und damit natürlich auch Windows – werden in diesem Buch vorausgesetzt. Die folgenden Seiten liefern Ihnen einige zusammenfassende Sätze zum Inhalt dieses Buchs und zu seinem Autor.

## Zum Inhalt

Sie finden in diesem Buch detaillierte Hinweise zu allen Funktionen, die Ihnen Microsoft Excel zum Thema »Finanzmathematik« zur Verfügung stellt. Aber um es gleich vorwegzusagen: Dies ist kein Buch zum Durchlesen, sondern eher eines zum Nachschlagen. Die folgenden Zeilen geben Ihnen einen Überblick über das, was in den einzelnen Abschnitten dieses Buchs auf Sie wartet. Das Buch ist in fünf Kapitel gegliedert:

- Das Thema des ersten Kapitels bezieht sich auf die Techniken zur Eingabe von Funktionen in eine Excel-Tabelle. Von solchen Techniken gibt es mehrere. Funktionen können Sie einerseits wie normale Formeln direkt eintippen. Natürlich müssen Sie dazu die benötigte Syntax kennen. Oder aber Sie verwenden einen der angebotenen Assistenten. Wählen Sie die gerade einfachste oder für Sie bequemste Technik. Sie sollten auch wissen, wie man die anfangs etwas versteckt gehaltenen *Analyse-Funktionen* aktiviert.

- Anschließend werden wir uns mit der Grundlage der Investitionsrechnung beschäftigen – der vielleicht schon bekannten Zinsformel. Sie sollten zunächst einmal wissen, dass Sie damit auch ohne den Einsatz der finanzmathematischen Excel-Funktionen Ihre Berechnungen durchführen. Wenn man Finanzmathematik verstehen will, ist die Kenntnis dieser Zinsformel ein absolutes Muss.
- Wer nicht unbedingt mit der etwas umständlichen Zinsformel arbeiten möchte, verwendet die »finanzmathematischen Funktionen«, von denen Ihnen Microsoft Excel einen großen Fundus für spezielle Probleme zur Verfügung stellt. Insgesamt stehen Ihnen etwa 60 Funktionen zur Verfügung. Und damit zeigt sich auch schon ein kleines Problem: Nur die Experten wissen, was sich hinter einem Funktionsnamen wie beispielsweise *ZINSTERMTAGNZ* verbirgt. Auch wenn man die Parameter der Funktion – also *ZINSTERMTAGNZ(Abrechnung; Fälligkeit; Häufigkeit; [Basis])* – kennt, wird die Sache nicht viel klarer. Zum schnelleren und besseren Verständnis haben wir in diesem Buch die einzelnen Funktionen in drei Gruppen aufgeteilt – »einfache finanzmathematische Funktionen«, »finanzmathematische Funktionen für Wertpapieranlagen« und »Funktionen zur Abschreibung«. Diese haben wir dann weiter in Untergruppen nach Einsatzgebieten gegliedert – beispielsweise finden Sie in den einfachen finanzmathematischen Funktionen solche für »einmalige und regelmäßige Zahlungen« sowie solche für »variable Zahlungsraten«.
- Unterhalb dieser Ebene finden Sie dann die einzelnen Funktionen, beispielsweise in der Funktionsgruppe für die einmaligen Zahlungen die Funktionen *ZW*, *BW*, *RMZ* und *ZZR*.
- Jede Funktion wird dann im Detail erklärt, und dafür haben wir immer die gleiche oder zumindest eine ähnliche Struktur gewählt: Sie finden zunächst eine Beschreibung der Aufgabe der Funktion. Alle Argumente der Funktion werden im Detail aufgelistet, und auf Besonderheiten wird hingewiesen. Ein oder zwei Beispiele zeigen Ihnen, wie man die Funktion praktisch einsetzt. Außerdem weisen wir auch auf ähnliche oder verwandte Funktionen hin.

- Und schließlich finden Sie am Ende des Buchs eine alphabetisch geordnete Funktionsliste, eine Liste der Funktionsargumente und ein sehr kurzes – aber aussagekräftiges – Stichwortverzeichnis. Benutzen Sie diese Seiten beispielsweise, wenn Sie eine Funktion suchen, deren Namen – oder deren Namensanfang – Sie kennen.

## Zu Offline- und Onlinehilfen

Wie alle Bestandteile von Microsoft Excel verfügen auch die finanzmathematischen Funktionen über eine gewisse Unterstützung durch das interne Hilfesystem und per Internet.

- Den schnellsten Zugriff erhalten Sie über die *Hilfe*-Schaltfläche in der Titelleiste des Programms Excel. Klicken Sie darauf, geben Sie im *Suchen*-Feld den Begriff *Funktionen* ein und starten Sie die Suche. Wählen Sie dann beispielsweise den Artikel mit dem Titel *Excel-Funktionen (nach Kategorie)* und abschließend die Kategorie *Finanzmathematische Funktionen* (Abbildung 1). Eine Liste der finanzmathematischen Funktionen wird angezeigt. Klicken Sie hier auf die gesuchte.
- Die anderen Artikel aus dieser HilfeSeite liefern Ihnen den Zugang zu diversen Quellen zum Thema Microsoft Excel.
- Sie können aber innerhalb dieses Systems auch auf einer tieferen Ebene suchen – beispielsweise nach einem bestimmten Funktionsnamen. Diesen müssen Sie natürlich kennen. Beachten Sie, dass in dieser Liste nur die regulären finanzmathematischen Funktionen – nicht die Analyse-Funktionen – aufgelistet werden. Das gilt auch, wenn Sie das Add-In für die Analyse-Funktionen installiert haben (Seite 31).
- Den Zugriff auf die vollständige Liste der finanzmathematischen Funktionen erhalten Sie beispielsweise über das Dialogfeld *Funktion einfügen*. Markieren Sie vorher im Dialogfeld über die Liste *Funktion auswählen* den Namen der Funktion und klicken Sie auf den Link *Hilfe für diese Funktion*.
- Wenn Sie nach einem bestimmten Funktionsnamen suchen, ist es oft besser, außerhalb von Excel über eine Suchmaschine zu gehen. Benutzen Sie als Suchbegriff etwas wie *ZINSTERM*-

*ZAHL Excel* oder besser noch *ZINSTERMZAHL Excel 2013* – die Angaben zu Excel 2013 sind meist ausführlicher und genauer als die zu den Vorgängerversionen.

- Auf Fälle, in denen Ihnen die Excel-Hilfe besonders interessante weitere Details anbietet, weisen wir Sie an der entsprechenden Stelle im Buch hin.

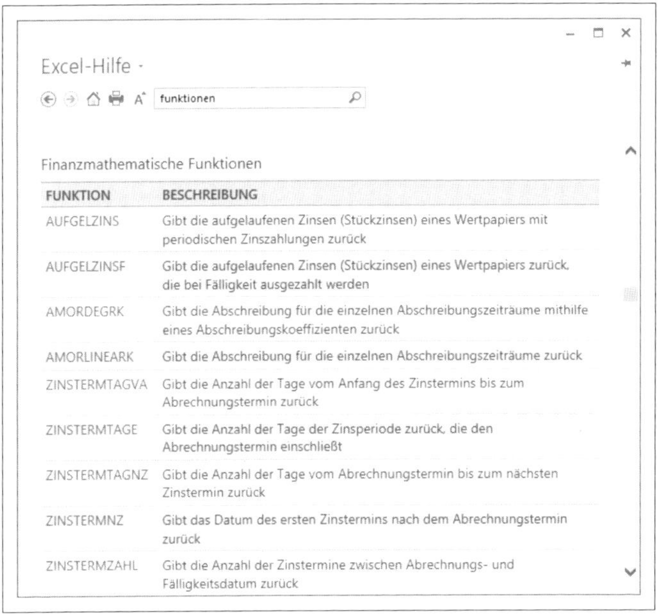


| FUNKTION | BESCHREIBUNG |
|---|---|
| AUFGELZINS | Gibt die aufgelaufenen Zinsen (Stückzinsen) eines Wertpapiers mit periodischen Zinszahlungen zurück |
| AUFGELZINSF | Gibt die aufgelaufenen Zinsen (Stückzinsen) eines Wertpapiers zurück, die bei Fälligkeit ausgezahlt werden |
| AMORDEGRK | Gibt die Abschreibung für die einzelnen Abschreibungszeiträume mithilfe eines Abschreibungskoeffizienten zurück |
| AMORLINEARK | Gibt die Abschreibung für die einzelnen Abschreibungszeiträume zurück |
| ZINSTERMTAGVA | Gibt die Anzahl der Tage vom Anfang des Zinstermins bis zum Abrechnungstermin zurück |
| ZINSTERMTAGE | Gibt die Anzahl der Tage der Zinsperiode zurück, die den Abrechnungstermin einschließt |
| ZINSTERMTAGNZ | Gibt die Anzahl der Tage vom Abrechnungstermin bis zum nächsten Zinstermin zurück |
| ZINSTERMNZ | Gibt das Datum des ersten Zinstermins nach dem Abrechnungstermin zurück |
| ZINSTERMZAHL | Gibt die Anzahl der Zinstermine zwischen Abrechnungs- und Fälligkeitsdatum zurück |

*Abbildung 1: Die Excel-Hilfe liefert einen stufenweisen Zugang zu den Funktionen.*

## Zu typischen Fehlerquellen

Aus gegebenem Anlass wollen wir hier auch gleich eine Warnung vor typischen Fehlerquellen voranstellen. Im Gegensatz zu vielen anderen Gruppen von Funktionen verfügen gerade die finanzmathematischen Funktionen von Excel über einige Eigenarten, die die Arbeit mit ihnen erschweren können.

- Besonders ärgerlich ist hier die Gruppe der Funktionen, die eine oder mehrere Datumsangaben als Argumente erfordern – und davon gibt es eine Menge. Diese dürfen Sie hier nicht wie gewohnt als Datumswert — etwa in der Form 17.10.2014 – eingeben. Stattdessen benutzen Sie zur Eingabe eine Funktion wie beispielsweise *=DATUM(2014;10;17)*. Sie können auch eine andere Funktion verwenden – beispielsweise *=HEUTE()* –, die einen Datumswert in der korrekten Form erzeugt. Und Sie können – das ist sicherlich die unbequemste Form – einen numerischen Datumswert, wie 41929 für das Datum 17.10.2014, benutzen.
- Bei anderen Funktionen müssen Sie andere Anforderungen beachten: Wenn Sie beispielsweise mit der Funktion *UNREGER.KURS* arbeiten, müssen bestimmte Randbedingungen hinsichtlich der Größe der einzelnen Argumente erfüllt sein, die Sie in der Funktion verwenden – beispielsweise *Fälligkeit* > *Erster_Zinstermin* > *Abrechnung* > *Emission*. Andernfalls liefert *UNREGER.KURS* den Fehlerwert *#ZAHL!*:
- Es gibt noch eine Vielzahl ähnlicher Fälle. Wundern Sie sich also nicht, wenn am Ende einer längeren Berechnung eine Zelle mit einer Fehlermeldung auftaucht, sondern suchen Sie nach den Ursachen. Wir haben bei der Mehrzahl der Funktionen eine Liste möglicher Fehlerquellen aufgelistet, und in den meisten Fällen sollten Sie die möglichen Ursachen für den Fehler darin finden. Da die Gründe für diese Fehler bei vielen Funktionen identisch sind und wir das Buch zum Nachschlagen konzipiert haben, finden Sie diese Erklärungen auch an mehreren in diesem Buch. Das erspart Ihnen das Blättern.
- Achten Sie bei der Beurteilung des Ergebnisses auch immer auf das Vorzeichen. Für alle Argumente werden die Beträge, die Sie zahlen, beispielsweise Einlagen für Sparguthaben oder andere Abhebungen, durch negative Zahlen dargestellt. Beträge, die Sie erhalten, beispielsweise Dividendenzahlungen und andere Einlagen, werden durch positive Zahlen dargestellt.

## Zum Autor

Michael Kolberg studierte neben seiner Schulzeit Musik am Städtischen Konservatorium Berlin und nach seinem Abitur Luft- und Raumfahrttechnik an der Technischen Universität Berlin. Nach seinem Abschluss zum Dipl.-Ing. war er für zwei Jahre bei der NATO in den Bereichen Operations Research (Unternehmensforschung) und militärische Aufklärung aktiv. Nach einem Aufbaustudium in Betriebswirtschaft an der Harvard School of Business Administration arbeitete er sieben Jahre für die Unternehmensberatungsfirma McKinsey & Co., Inc. und spezialisierte sich im Bereich der strategischen Planung. Nach seinem Ausscheiden war er kurze Zeit leitender Controller und verantwortlich für Finanzen bei einem großen deutschen Einzelhandelskonzern.

Anschließend setzte er seine Karriereziele neu – vom Gelderwerb zu anderen wichtigen Dingen. Zunächst nahm er an einem einjährigen Programm zum Studium der japanischen Sprache und Geschichte an der Waseda-Universität in Tokyo teil. Dort erlernte er auch die Grundlagen des japanischen Schwertkampfs, in dem er später einen Meistergrad erwarb. Seit vielen Jahren ist er als Berater und Autor selbstständig. Er hat etwa 100 Bücher bei verschiedenen Verlagen geschrieben – insbesondere zu Themen aus dem Gebiet »Microsoft Office-Programme und deren Anwendung im betriebswirtschaftlichen Bereich«. Zu seinen Lieblingsspielzeugen gehören – neben dem Computer – das Altsaxofon, der Fotoapparat, das japanische Schwert, die Schrotflinte und die neugriechische Grammatik.

KAPITEL 1

# Berechnungen bei Excel durchführen

Ein Grundlagenwissen zur Arbeit mit Microsoft Excel wird für das Verständnis dieses Buchs vorausgesetzt. Das gilt hier im Speziellen für den Einsatz von Formeln und Funktionen. Wenn Sie aber zu dem Kreis der Leser gehören, die eine kleine Auffrischung in diesen Dingen benötigen, sollten Sie dafür dieses kurze einleitende Kapitel nutzen. Wir liefern Ihnen darin einen kurzen Abriss zu Berechnungen mit Excel, zur Arbeit mit Formeln und Funktionen sowie zu den Methoden zur Eingabe und Bearbeitung und der Bereitstellung zusätzlicher Analyse-Funktionen bei den einzelnen Excel-Versionen.

Wenn Sie zu den Lesern gehören, die mit diesem Themenkreis vertraut sind, können Sie dieses Kapitel ruhig überblättern. Beachten Sie aber, dass Sie am Ende dieses Kapitels einige wichtige Hinweise zur Verwendung von Analyse-Funktionen in der Excel-Version 2003 finden, die Sie vielleicht benötigen.

Beginnen wir darum ganz am Anfang: Der eigentliche Sinn eines Programms wie Microsoft Excel besteht in der Berechnung von neuen Zahlenwerten auf der Basis der bereits eingegebenen. Dazu verwenden Sie Formeln oder Funktionen. Und das gilt natürlich für alle Arten von Berechnungen – finanzmathematische und andere.

- Für einfachere Berechnungen verwenden Sie Formeln, in denen Werte miteinander verknüpft werden. Meist verknüpfen Sie damit Zelladressen – beispielsweise in der Form *=A1+A2+A3+A4*. Für die Berechnung werden dann die Inhalte dieser Adressen benutzt.

- Funktionen sind vordefinierte Formeln, die Berechnungen unter Verwendung bestimmter Werte – der sogenannten Argumente – ausführen. Beispielsweise berechnet die Funktion *SUMME* die Summe mehrerer Zahlenwerte, bei denen die Adressen der zu addierenden Zellen als Argumente dienen.

## Formeln

Formeln sind Gleichungen, die Berechnungen für Werte im Arbeitsblatt durchführen. Formeln beginnen mit einem Gleichheitszeichen, gefolgt von der eigentlichen Gleichung. Eine solche Gleichung kann unterschiedliche Aufgaben und Inhalte haben. Im Allgemeinen wird eine Gleichung dazu verwendet, aus den Inhalten von zwei oder mehr Zellen einen Wert zu errechnen. Die Zelle, die die Formel enthält, wird als abhängige Zelle bezeichnet, weil ihr Wert von Werten in anderen Zellen abhängt. In einem einfachen Beispiel werden die Inhalte zweier Zellen in einer abhängigen Zelle addiert. Wenn sich die Ausgangswerte in den Zellen *A1* und *A2* befinden, können Sie dazu die Formel *=A1+A2* benutzen. Der Vorteil der Verwendung von Zelladressen in der Formel wird klar, wenn Sie die Werte in den Bezugszellen ändern.

Die Adressen, die eine Formel benutzen, werden auch als die Bezüge der Formel bezeichnet. Mithilfe solcher Bezüge können Sie Daten aus unterschiedlichen Teilen eines Arbeitsblatts in einer einzigen Formel verwenden oder den Wert einer Zelle in verschiedenen Formeln einsetzen. Sie können Bezüge auf Zellen in anderen Arbeitsblättern derselben Arbeitsmappe oder in anderen Arbeitsmappen definieren.

## Funktionen

Funktionen stellen einen Spezialfall bei den Formeln dar. Sie erleichtern die Eingabe und ermöglichen komplexere Formen der Berechnung. Beispielsweise ist bereits beim Addieren der Inhalte mehrerer Zellen die Eingabe einer einfachen Formel recht aufwendig – etwa bei *=A1+A2+A3+A4+A5+A6*. Einfacher geht es in diesem Fall mit einer Funktion: *=SUMME(A1:A6)* – um einmal etwas von der Finanzmathematik abzuschweifen. Außerdem ermöglichen Funktionen Formen von Berechnungen, die Sie über normale Formeln nicht oder nur sehr aufwendig ausführen können. Beispielsweise könnten Sie mit *=SIN(PI()/2)* den Sinus der Zahl π/2 berechnen.

Auch eine Funktion beginnt mit einem Gleichheitszeichen, dem der Funktionsname – beispielsweise *SUMME* – folgt. Anschließend kommen die Argumente der Funktion, die durch Semikola getrennt und zusammen in einer Klammer eingeschlossen werden müssen. Fast alle Funktionen verlangen Argumente. Argumente sind Werte oder Adressen, aus denen die Funktion den Funktionswert errechnet. Beispielsweise ist im Funktionsausdruck *=SIN(A1)* das Argument der Wert in der Zelladresse A1, bei *=SUMME(A1:A6)* sind die Werte im Bereich *A1* bis *A6*. Einige Funktionen benötigen keine Argumente, aber auch diese müssen mit zwei Klammern abgeschlossen werden: Um beispielsweise den Wert der Zahl π anzuzeigen, benutzen Sie die Funktion *=PI()*.

## Methoden zur Eingabe von Funktionen

Es gibt mehrere Techniken, mit denen Sie eine Funktion in eine Excel-Tabelle eingeben können. Wählen Sie die gerade einfachste oder für Sie bequemste:

- Funktionen können Sie wie normale Formeln, Zahlen oder Text direkt eintippen.
- Meist ist aber einfacher, wenn Sie in irgendeiner Form den Funktions-Assistenten des Programms benutzen. Dafür stellt Excel mehrere Werkzeuge bereit.

### Eine Funktion direkt eintippen

Funktionen können Sie also wie auch andere Eingaben direkt eintippen. Das geht meist am schnellsten, wenn es sich dabei um eine kurze Funktion handelt, deren Syntax Sie kennen. Während Sie die Funktion eingeben, wird eine QuickInfo eingeblendet, die Sie hinsichtlich der notwendigen Eingaben unterstützt:

- Markieren Sie zuerst die Zelle, in der das Berechnungsergebnis erscheinen soll.
- Beginnen Sie die Eingabe mit einem Gleichheitszeichen und dem ersten Buchstaben der Funktion. Alle Funktionen, die mit diesem Buchstaben beginnen, werden aufgelistet (Abbildung 1-1).

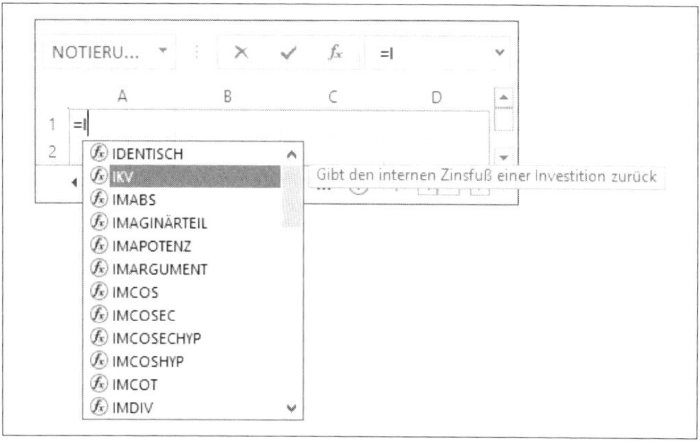


*Abbildung 1-1: Nach Eingabe des ersten Buchstabens werden alle Funktionen mit diesem Anfangsbuchstaben aufgelistet.*

- Setzen Sie die Eingabe fort, bis Sie den vollständigen Namen der Funktion eingegeben haben. Die Liste der Funktionen verkürzt sich automatisch während der Eingabe (Abbildung 1-2).

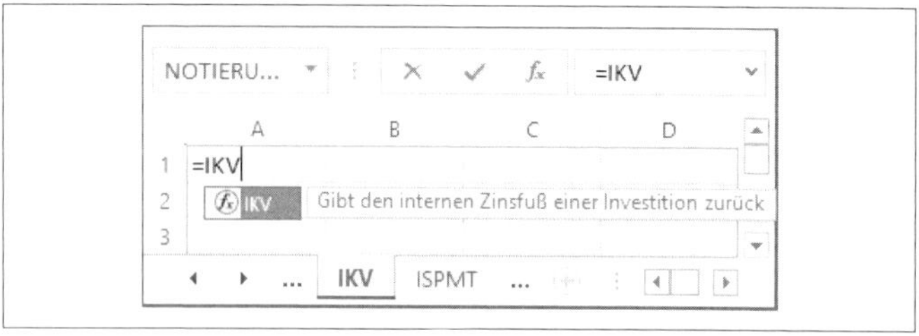


*Abbildung 1-2: Die Liste der Funktionen verkürzt sich mit fortschreitender Eingabe.*

- Fast alle finanzmathematischen Funktionen benötigen sogenannte Argumente – das sind Zusatzinformationen, die Sie bei Bedarf einsetzen können oder müssen. Die für die gerade gewünschte Funktion notwendigen Argumente werden aufgelistet, sobald Sie nach der vollständigen Eingabe des Funktionsnamens eine runde Klammer eingeben.
- Geben Sie dann die Adresse des Arguments ein oder zeigen Sie mit der Maus auf die entsprechende Zelle (Abbildung 1-3).

*Abbildung 1-3: Nach Eingabe einer Klammer werden die Argumente der Funktion angezeigt.*

- Wenn die Funktion nur über ein einzelnes Argument verfügt, sind Sie damit schon fertig. Schließen Sie den Funktionsausdruck durch eine runde Klammer ab und betätigen Sie die Eingabetaste. Das Berechnungsergebnis erscheint dann in der anfangs markierten Zelle.

Beachten Sie aber gleich, dass es – zumindest bei einer komplexeren Syntax der Funktion – einfacher ist, den nachfolgend beschriebenen Funktions-Assistenten zu benutzen.

Am Ende des Buchs finden Sie übrigens zwei alphabetisch geordnete Listen mit allen finanzmathematischen Funktionen und den von ihnen verwendeten Argumenten und Parametern.

## Funktionen mit mehreren Argumenten

Viele Excel-Funktionen, die nicht zu der Gruppe der finanzmathematischen Funktionen gehören, benutzen nur ein einziges Argument – wie beispielsweise die Funktion *WURZEL(Zahl)*, die die Quadratwurzel einer Zahl berechnet. Die Funktionen der Gruppe *Finanzmathematik* verfügen aber fast ausnahmslos über mehrere Argumente. Bei solchen Funktionen müssen Sie die einzelnen Bezüge durch ein Semikolon voneinander abgrenzen.

- Markieren Sie die Zelle, in der das Ergebnis der Berechnung gezeigt werden soll, und starten Sie die Eingabe mit einem Gleichheitszeichen, dem Funktionsnamen und einer öffnenden Klammer – also beispielsweise mit *=BW(*.
- Geben Sie einen Wert für das Argument oder einen Bezug zu einer Adresse ein oder klicken Sie auf die entsprechende Zelle (Abbildung 1-4).

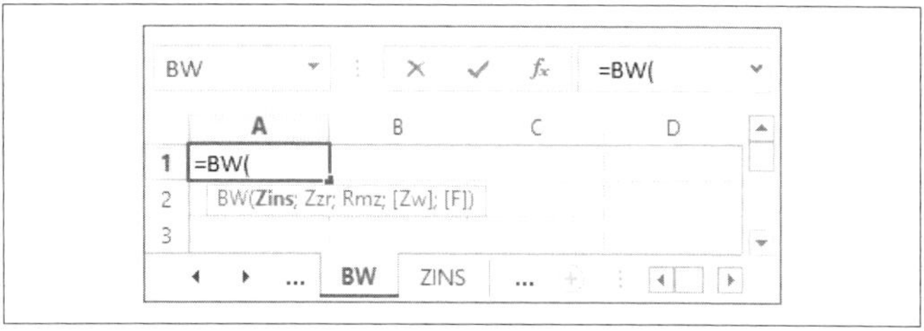


*Abbildung 1-4: Die Argumente werden in einer QuickInfo angezeigt.*

- Fügen Sie ein Semikolon hinzu und geben Sie das zweite Argument ein. Beachten Sie, dass in der QuickInfo immer der Name des gerade aktuellen Arguments gefettet angezeigt wird. Sie wissen also immer, welches Argument Sie gerade bearbeiten (Abbildung 1-5).

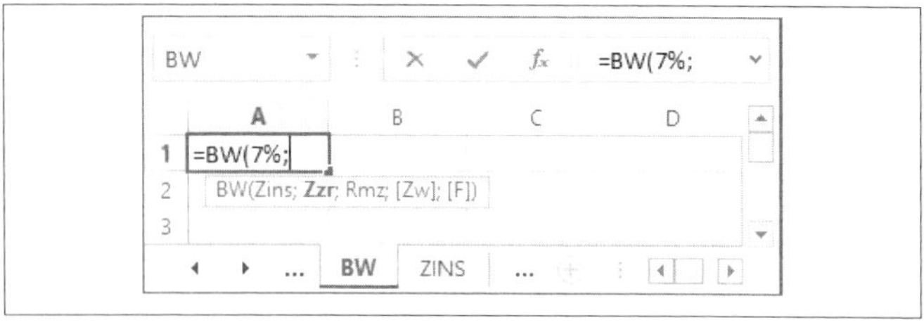


*Abbildung 1-5: Die Argumente werden festgelegt.*

- Schließen Sie den Funktionsausdruck durch eine Klammer ab. Nach der Bestätigung erscheint das Berechnungsergebnis in der Zelle.
- Die Funktion selbst sehen Sie in der Bearbeitungsleiste.

## Optionale Argumente

Sie werden sicherlich schnell bemerken, dass einige der in den QuickInfos angezeigten Argumente mit eckigen Klammern versehen sind. Solche Argumente sind *optional* – sie können, müssen aber nicht eingeschaltet werden. Mithilfe dieser optionalen Argumente steuern Sie bestimmte zusätzliche Verhaltensweisen der Funktion. Meist können Sie diese Argumente mit bestimmten Zahlenwerten belegen – beispielsweise *0* oder *1*. So finden Sie bei vielen finanzmathematischen Funktionen das Argument *F*, für das Sie den Wert *1* oder *0* setzen können. Eine *1* liefert die Zusatzinformation, dass eine Zahlung am Anfang einer Periode geleistet wird, eine *0* steht für eine Zahlung am Ende. Wenn Sie keine Angaben zu einem solchen optionalen Argument machen, wird in der Mehrzahl der Fälle der Wert *0* angenommen.

Unterschätzen Sie aber die Bedeutung dieser optionalen Argumente nicht: Ein falsch gesetzter Wert kann zu vollständig anderen Ergebnissen führen!

**Beispiel** Angenommen, Sie arbeiten mit der weiter unten beschriebenen Funktion *ZW* (Seite 51), die Ihnen unter anderem erlaubt, den Zukunftswert einer Reihe von konstanten Zahlungen über einen Zeitraum bei einem bestimmten Zinssatz zu berechnen. Diese Funktion verfügt über ein optionales Argument *F*. *F* steht für *Fälligkeit* und beschreibt, wann die Zahlungen innerhalb der Periode geleistet werden.

- Wenn Sie bei der Funktion nur die ersten drei Parameter – also *Zins*, die Anzahl der *Zahlungszeiträume* und den *Barwert* –, nicht aber das Argument *F* verwenden, geht Excel davon aus, dass die Zinsen erst am Ende der jeweiligen Perioden gezahlt werden. Haben Sie beispielsweise nur eine Periode angesetzt, tauchen die Zinsen überhaupt nicht auf, da diese erst zu Beginn einer noch kommenden zweiten Periode gezahlt werden – der Zukunftswert wird mit 100,00 € berechnet (Abbildung 1-6).

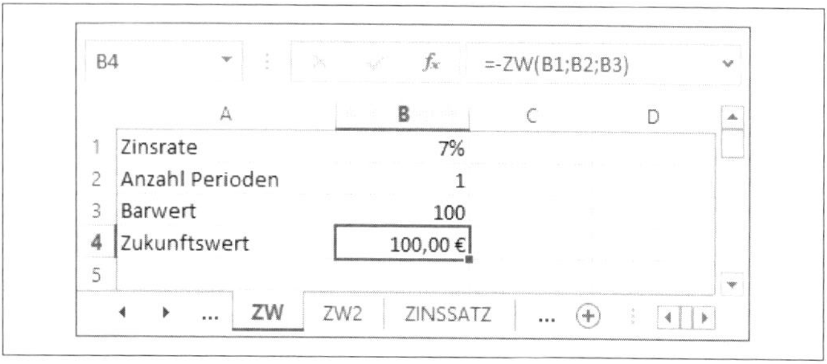


*Abbildung 1-6: Die Zinsen werden erst am Anfang der zweiten Periode gezahlt.*

- Verwenden Sie aber für das Argument *F* die Einstellung *1*, geht Excel davon aus, dass die Zinsen bereits am Anfang der Periode gezahlt werden. Am Ende der Periode beträgt der Zukunftswert dann 101,07 € (Abbildung 1-7).

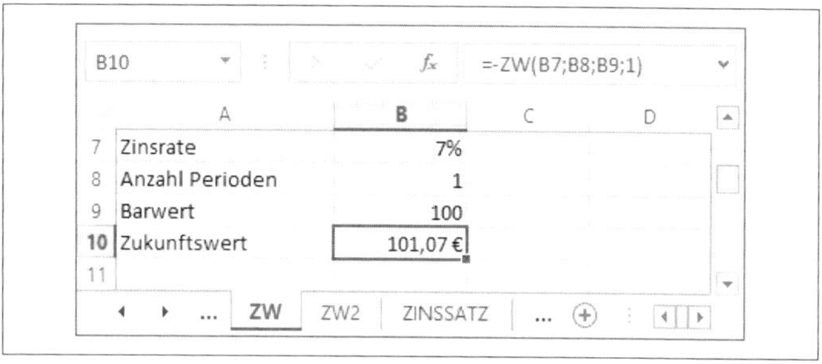


*Abbildung 1-7: Die Zinsen werden hier bereits am Ende der ersten Periode gezahlt.*

## Die Funktionsbibliothek

Seit der Programmversion 2007 stellt Excel über das Menüband in der Gruppe *Funktionsbibliothek* mehrere Befehlsschaltflächen zur

Verfügung, über die Sie die gerade benötigte Funktion sehr schnell auswählen können.

*Abbildung 1-8: Die Bibliothek für die Finanzmathematik beinhaltet viele Funktionen.*

Sie finden in dieser Bibliothek auch die Befehlsschaltfläche *Finanzmathematik*. Hierüber geht das Einfügen einer Funktion recht einfach.

- Markieren Sie die Zelle, in der das Ergebnis der Berechnung erscheinen soll.
- Wählen Sie dann die Registerkarte *Formeln* im Menüband.
- Klicken Sie in der Gruppe *Funktionsbibliothek* auf die Schaltfläche für den Bereich, der die gewünschte Funktion beinhaltet – also hier *Finanzmathematik*. Das öffnet eine Liste der Funktionen dieser Gruppe (Abbildung 1-8).
- Klicken Sie auf die gewünschte Funktion. In fast allen Fällen wird das Dialogfeld *Funktionsargumente* angezeigt, über das Sie die aktuellen Argumente eingeben können.

## Das Dialogfeld Funktionsargumente

Im Dialogfeld *Funktionsargumente* wird auch der Zweck der Funktion beschrieben, und Sie erhalten darin einen schnellen Zugang zur Programmhilfe.

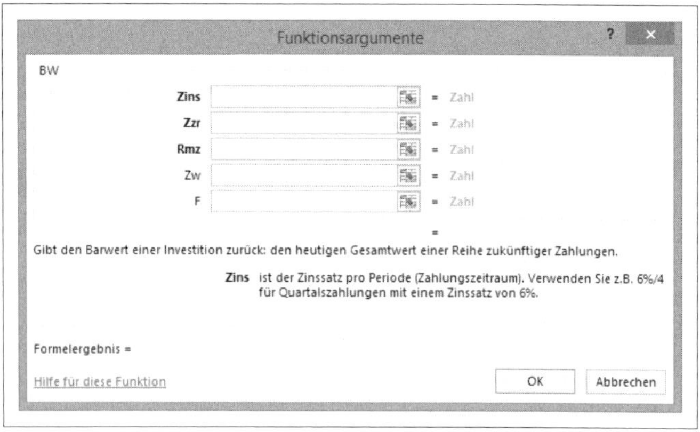


*Abbildung 1-9: Die Argumente können über ein Dialogfeld festgelegt werden.*

- Je nach Art der Funktion finden Sie im oberen Bereich des Dialogfelds ein oder mehrere Felder für diese Argumente. Sie können darin Zahlenwerte, Bezüge, Formeln oder weitere Funktionen in die Bearbeitungsfelder für die Argumente eingeben. Im unteren Bereich finden Sie Hinweise zur Natur der Funktion und der Argumente (Abbildung 1-9).
- Wenn Sie auf eine der Schaltflächen am rechten Rand eines solchen Eingabefelds klicken, wird das Dialogfeld verkleinert, sodass Sie die Bezugszellen durch Zeigen in der Tabelle markieren können (Abbildung 1-10). Klicken Sie anschließend auf die Schaltfläche am rechten Rand der Zeile zum Festlegen der Argumente, um das Dialogfeld wieder komplett anzeigen zu lassen.

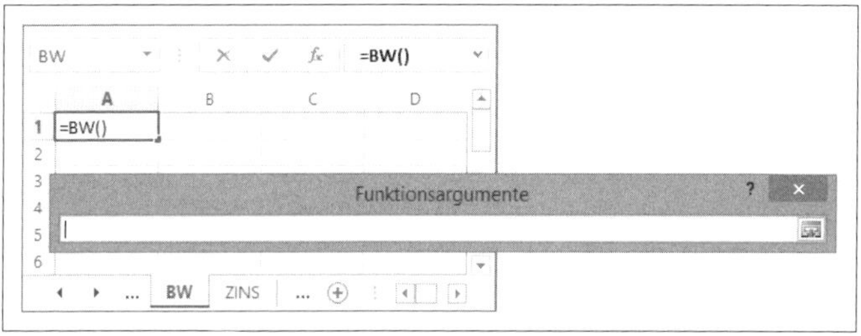


*Abbildung 1-10: Das verkleinerte Dialogfeld verbessert die Sicht auf die Tabelle.*

- Arbeiten Sie nacheinander alle geforderten Argumente ab. Wenn eine Funktion mehrere Argumente verlangt, müssen Sie die entsprechenden Schritte mehrfach durchführen. Die für eine Funktion notwendigen Argumente werden fett angezeigt.
- Ein abschließender Klick auf die Schaltfläche *OK* beendet die Arbeit mit dem Assistenten. In der Bearbeitungsleiste erscheint das Ergebnis der Arbeit. Nach dem Bestätigen wird die Funktion dann in die aktive Zelle eingefügt und das Ergebnis dort angezeigt.

### Argumente durch »Zeigen« auswählen

Statt die im Dialogfeld als Argument zu verwendende Zelladresse einzutippen, können Sie auch mit der Maus darauf klicken, nachdem Sie die Klammer eingegeben haben.

- Die Zelle wird dann während der Eingabe andersfarbig markiert, und die damit ausgewählte Zelladresse erscheint sowohl in der Zelle als auch in der Bearbeitungsleiste (Abbildung 1-11).

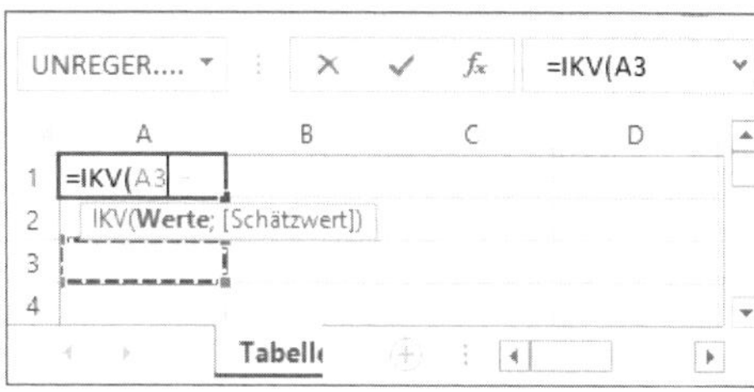


*Abbildung 1-11: Die Zelle A3 wurde durch Zeigen ausgewählt.*

- Sie bestätigen eine solche Auswahl, indem Sie über die Tastatur ein Semikolon eingeben. Das nächste Argument wird dann markiert und ist zur Eingabe von Daten bereit.
- Nachdem Sie auf diese Weise die geforderten Argumente abgearbeitet haben, bestätigen Sie mit der Enter-Taste. Die Funktion erscheint dann – zusammen mit den Argumenten – in der Bearbeitungsleiste, das Berechnungsergebnis wird in der Zelle angezeigt.
- Fahren Sie damit fort wie beim Einfügen der Funktion: Klicken Sie in das Feld für das Argument, das Sie festlegen wollen. Klicken Sie auf die Zelle, die den Wert für das Argument enthält. Die Adresse wird dann übernommen. Klicken Sie auf *OK*, und die Funktion wird eingefügt.

## Der Funktions-Assistent

Alle Excel-Versionen verfügen über einen sogenannten *Funktions-Assistenten*, der die Arbeit des Einfügens einer Funktion und ihrer Argumente in mehrere Schritte aufteilt. Das Arbeiten damit macht das Einfügen von Funktionen und den dazugehörenden Argumenten einfacher.

- Markieren Sie – wie immer – dazu zunächst die Zelle, in die Sie die Funktion eingeben wollen.
- Wechseln Sie – wenn noch nötig – im Menüband zum Register *FORMELN*. Klicken Sie auf die Schaltfläche *Funktion einfügen* in der Gruppe *Funktionsbibliothek*. Das zeigt das Dialogfeld *Funktion einfügen* an (Abbildung 1-12). Dieses Dialogfeld liefert mehrere Möglichkeiten zum Einfügen.

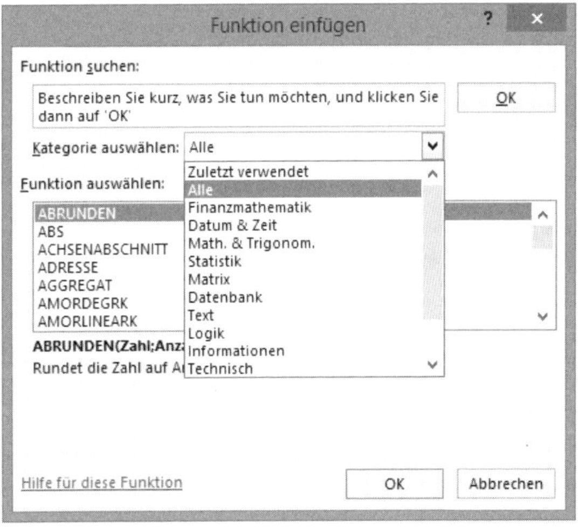


*Abbildung 1-12: Funktionen können über einen Assistenten eingefügt werden.*

- Durch das vorherige Festlegen auf eine Kategorie können Sie eine Vorauswahl treffen (Abbildung 1-13). Das reduziert die Anzahl der Möglichkeiten. Standardmäßig wird zunächst *Zuletzt verwendet* angezeigt. Die Kategorie *Alle* umfasst sämtliche Tabellenfunktionen. In unserem Fall benutzen Sie die Kategorie *Finanzmathematik*.

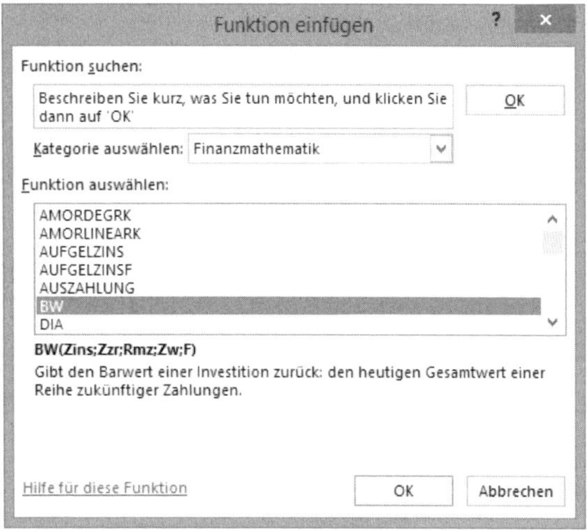


*Abbildung 1-13: Eine Funktion wird ausgewählt.*

- Sie können im Feld *Funktion suchen* auch eine Beschreibung der durchzuführenden Berechnung eingeben und durch Anklicken der Schaltfläche *OK* eine Suche durchführen lassen. Der Assistent erstellt daraufhin die Kategorie *Empfohlen*, in der geeignete Funktionen aufgelistet werden. Das funktioniert oft aber mehr schlecht als recht.
- Markieren Sie die gewünschte Funktion und bestätigen Sie Ihre Wahl über *OK*. Nach der Wahl der Funktion geben Sie im folgenden Dialogfeld des Assistenten die für die Funktion erforderlichen Argumente ein und bestätigen die Wahl.

Beachten Sie auch, dass der Schalter *Hilfe für diese Funktion* unten links in diesem Dialogfeld einen sehr schnellen Zugang zu Hilfeinformationen für die Funktion liefert, die in der Liste *Funktion auswählen* gerade markierte ist.

### Besonderheiten bei der Excel-Version 2003

Die Arbeit mit dem Funktions-Assistenten unterscheidet sich etwas je nach der von Ihnen verwendeten Excel-Version. Die Unterschiede sind jedoch minimal:

- Im Unterschied zu den neueren Programmversionen wird bei 2003 bei der Eingabe keine Liste der Funktionen in Form einer QuickInfo eingeblendet (Abbildung 1-14). Sie müssen also den Namen der Funktion vollständig kennen. Sobald Sie aber die Funktion vollständig eingegeben haben, erscheint die QuickInfo mit den einzelnen Argumenten.

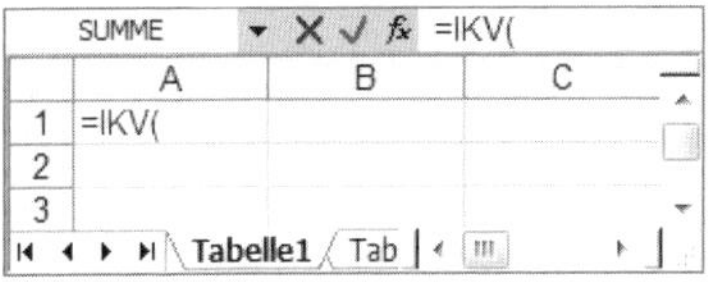


*Abbildung 1-14: Die QuickInfo erscheint bei Excel 2003 erst später nach der Eingabe.*

- Zum Starten des Funktions-Assistenten verwenden Sie den Befehl *Funktion* im Menü *Einfügen*. Sie können dafür auch die Liste zur Schaltfläche *AutoSumme* öffnen und darin den Befehl *Weitere Funktionen* wählen.

## Funktionen editieren

Falls Sie bei der Eingabe einer Funktion einen Fehler machen sollten – Funktionen können Sie wie eine normale Eingabe oder eine Formel im Arbeitsblatt editieren:

- Klicken Sie zuerst auf die Zelle, die Sie korrigieren wollen.

- Dann können Sie einerseits den Inhalt der Zelle einfach überschreiben. Meist geht es schneller, wenn Sie den Fehler in der Zelle oder in der Bearbeitungsleiste markieren und die Korrektur an dieser Stelle durchführen.
- Wenn die zu korrigierende Funktion Zelladressen benutzt, doppelklicken Sie auf die Zelle, deren Inhalte Sie korrigieren möchten (Abbildung 1-15). Die betreffenden Zellen mit den Bezugsadressen werden dann verschiedenfarbig markiert. Falls Sie einen anderen Bezug wünschen, können Sie die Zelle über die Maus verschieben.

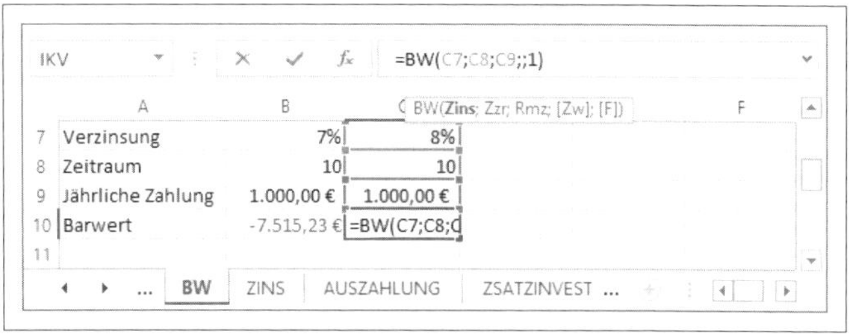


*Abbildung 1-15: Funktionen können wie Formeln editiert werden.*

- Enthält die Funktion nur konstante Daten, müssen Sie die Korrektur direkt in der Zelle oder in der Bearbeitungsleiste vornehmen. Klicken Sie dort die zu bearbeitende Stelle an. Die Einfügemarke erscheint in Form eines senkrechten Strichs. Korrigieren Sie dann den Zellinhalt und bestätigen Sie wieder mit einer der bekannten Methoden. Die korrigierten Daten erscheinen danach in der Zelle.

## Typische Fehlermeldungen

Einige Fehlermeldungen sind typisch für die Arbeit mit finanzmathematischen Funktionen, sie tauchen aber auch bei anderen Funktionsgruppen auf.

*Tabelle 1-1: Typische Fehlermeldungen bei finanzmathematischen Funktionen.*

| | |
|---|---|
| *#BEZUG!* | Die Formel bezieht sich auf eine unzulässige Zelle: Sie haben beispielsweise Zellen gelöscht, auf die sich andere Formeln beziehen. |
| *#DIV/0!* | In einer Formel wurde eine Division durch null versucht: Sie haben beispielsweise einen Bezug auf eine leere Zelle oder auf eine Zelle mit dem Inhalt null verwendet. |
| *#NAME?* | Ein Name wird nicht erkannt, der in einer Formel verwendet wird: Sie haben beispielsweise den Namen falsch eingegeben. |
| *#NULL!* | Sie haben beispielsweise einen falschen Bereichsoperator oder einen falschen Bezug verwendet. |
| *#WERT!* | Der Typ eines Arguments oder Operanden ist falsch: Sie haben beispielsweise Text an einer Stelle der Formel eingegeben, an der eine Zahl erforderlich ist. Oder Sie haben einem Operator oder einer Funktion, die einen einzelnen Wert erfordert, einen Bereich zugewiesen. |
| *#ZAHL!* | Es besteht ein Problem mit einer Zahl: Sie haben beispielsweise ein unzulässiges Argument in einer Funktion verwendet. |

## Analyse-Funktionen bereitstellen

Auf jeden Fall sollten Sie vor der Arbeit mit den finanzmathematischen Funktionen kontrollieren, ob die sogenannten *Analyse-Funktionen* aktiviert sind. Dabei handelt es sich um *Add-Ins* für Microsoft Office Excel. Im Allgemeinen sind diese Add-Ins verfügbar, wenn Microsoft Office oder Excel installiert ist. Es gibt aber Ausnahmen, besonders bei früheren Editionen des Programms. Sie können die Add-Ins jedoch erst verwenden, nachdem Sie sie geladen haben. Kontrollieren Sie darum, ob Ihre Version diese Funktionen bereits bereitstellt. Sind die Funktionen geladen, wird auf der Registerkarte *DATEN* in der Gruppe *Analyse* der Befehl *Datenanalyse* angezeigt. Anderenfalls müssen Sie sie erst bereitstellen. Je nach Excel-Version gehen Sie dabei unterschiedlich vor.

### Bei den Excel-Versionen mit Menüband

Bei Excel 2007 klicken Sie auf die Schaltfläche *Microsoft Office*, bei den Nachfolgeversionen öffnen Sie die Registerkarte *DATEI*. Anschließend klicken Sie auf *Excel-Optionen*.

- Im Dialogfeld *Excel-Optionen* wählen Sie *Add-Ins*. Wählen Sie dann unten im Feld *Verwalten* die Option *Excel-Add-Ins* aus und klicken Sie auf *Gehe zu…*
- Kontrollieren Sie, ob im Dialogfeld *Add-Ins* im Feld *Verfügbare Add-Ins* das Kontrollkästchen *Analyse-Funktionen* eingeschaltet ist (Abbildung 1-16). Ist das nicht der Fall, aktivieren Sie es. Klicken Sie dann auf *OK*.

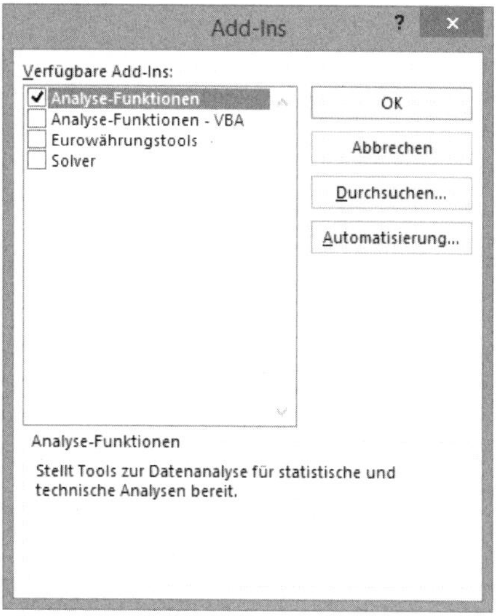


*Abbildung 1-16: Sind die Analyse-Funktionen eingeschaltet?*

- Wenn *Analyse-Funktionen* im Feld *Verfügbare Add-Ins* nicht angezeigt wird, klicken Sie auf *Durchsuchen*, um danach zu suchen. Wird dann angezeigt, dass die *Analyse-Funktionen* derzeit nicht auf dem Computer installiert sind, klicken Sie auf *Ja*, um das Add-In zu installieren.
- Nach dem Laden der Analyse-Funktionen wird auf der Registerkarte *Daten* in der Gruppe *Analyse* der Befehl *Datenanalyse* angezeigt.

Wenn Sie die VBA-Funktionen für die Analyse-Funktionen einbinden möchten, können Sie das Add-In *Analyse-Funktionen – VBA* auf die gleiche Weise wie das Add-In *Analyse-Funktionen* laden.

## Bei Excel 2003

Bei Excel 2003 wählen Sie für den Zugang zu den Analysefunktionen die folgende Vorgehensweise:

- Öffnen Sie das Menü *Extras* und wählen Sie den Befehl *Add-Ins*. Das Dialogfeld *Add-Ins* wird angezeigt (Abbildung 1-17).

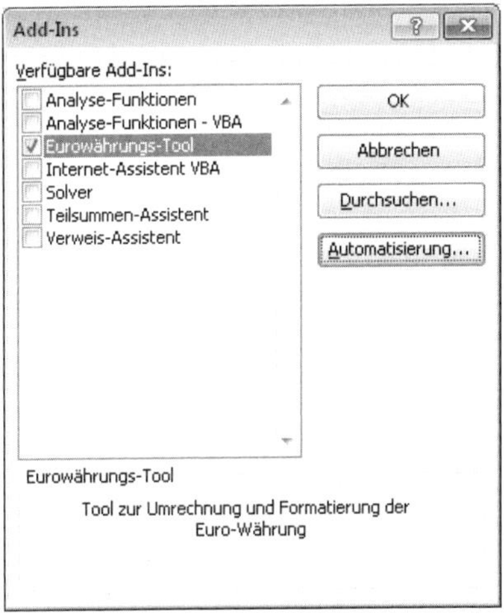


*Abbildung 1-17: Sind die Analyse-Funktionen bei Excel 2003 eingeschaltet?*

- Aktivieren Sie im Feld *Verfügbare Add-Ins* das Kontrollkästchen *Analyse-Funktionen*.
- Klicken Sie dann auf *OK*.

Wenn *Analyse-Funktionen* im Feld *Verfügbare Add-Ins* nicht angezeigt wird, klicken Sie wiederum auf *Durchsuchen*, um danach zu suchen.

KAPITEL 2

# Arbeiten mit der Zinsformel

Ein zweites kurzes Kapitel ist zum Verständnis der Problematik der Finanzmathematik notwendig. Dabei dreht es sich um den – einerseits banalen, andererseits aber zentralen und sehr wichtigen – Begriff der *Verzinsung*. Zur Berechnung der Verzinsung dient die vielleicht schon allgemein bekannte *Zinsformel*.

- Zum einen sollten Sie wissen, dass alle in Excel beheimateten finanzmathematischen Funktionen auf dieser Zinsformel basieren. Die Funktionen sind eigentlich nur Ableitungen, die das Problem umformen, teilweise durch Iteration, teilweise durch andere mathematische Tricks. Theoretisch ließen sich (fast) alle in diesem Buch angesprochenen Fragestellungen auf der Basis der Zinsformel auch ohne spezielle finanzmathematische Gleichungen – zur Not durch Näherung – beantworten. Das bedeutet aber einen entsprechend hohen Aufwand an Programmierarbeit und große mathematische Kenntnisse. Microsoft Excel stellt darum mehrere Funktionen zur Verfügung, mit denen sich die Berechnungen vereinfachen lassen. Aber keine Sorge, wir werden Sie nicht mit mathematischen Herleitungen langweilen.
- Zum anderen sind der Begriff *Zinsen* und die damit eng zusammenhängenden Begriffe *Gegenwartswert*, *Zukunftswert*, *Anlageperioden* usw. für das weitere Verständnis dieses Buchs notwendige Voraussetzungen.

Wenn Sie sich wiederum zum Kreis der Experten in Sachen *Finanzmathematik* zählen, können Sie auch dieses Kapitel überschlagen und sich gleich mit den eigentlichen finanzmathematischen Funktionen von Excel beschäftigen.

## Der einfachste Fall

Wir haben es bereits am Anfang dieses Buchs mehrfach erwähnt: Im Prinzip beruhen alle finanzmathematischen Berechnungen auf der Grundüberlegung, dass sich ein Geldbetrag über die Zeit durch Verzinsung vermehrt bzw. vermehren sollte. Bei jeder Investition geht es ja um die Situation, dass jemand für etwas Geld ausgibt und aus dieser Sache zu einem späteren Zeitpunkt – hoffentlich mehr – Geld zurückbekommt. Es handelt sich also um einen Fluss von Geldmitteln in zwei Richtungen – einen Zufluss und einen Rückfluss. Neben der Höhe der Zahlungen spielt hier auch der Zeitfaktor eine wesentliche Rolle: Es macht offensichtlich einen Unterschied, ob der Rückfluss des Gelds innerhalb eines kurzen oder eines längeren Zeitraums vonstattengeht – auch wenn die Summe der Zahlungen in beiden Fällen gleich ist. Für den, der Geld gibt, ist ein kürzerer Zeitraum vorzuziehen.

**Beispiel** Beginnen wir mit einem ganz einfachen Beispiel: Ein Betrag von 100 € wird über ein Jahr zu einem Zinssatz von 7 % angelegt und wächst dabei innerhalb dieser Periode auf den Betrag *100*(1+Zinsrate)* an. Beträgt die Zinsrate beispielsweise 7 %, wächst der Betrag von 100 € innerhalb der Periode auf den Betrag von 107 € an (Abbildung 2-1).

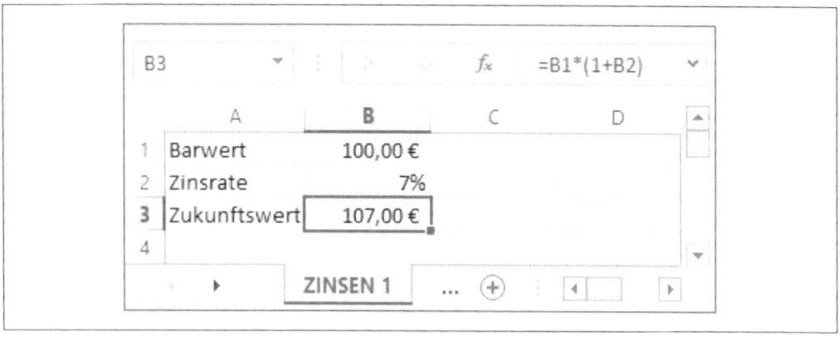


*Abbildung 2-1: Aus 100,00 € werden 107,00 €.*

Man spricht in diesem Zusammenhang von einem Gegenwarts- oder Barwert und einem Zukunftswert des Gelds. Der Gegenwartswert oder Barwert ist der heutige Betrag, der Zukunftswert ist der Betrag nach der Verzinsung. Mit der Zinsformel gilt zwischen diesen beiden Beträgen die einfache Beziehung *Zukunftswert=Barwert*(1+Zinsrate)*.

# Komplexere Fälle

Auf dieser Grundannahme beruht eine Reihe von möglichen Erweiterungen der Überlegung, auf die wir jetzt eingehen. Dabei kommen zwei zusätzliche Parameter ins Spiel: Das ist einerseits die Anzahl der Perioden – beispielsweise Jahre oder Monate –, über die hinweg das Geld ausgeliehen wird. Andererseits müssen Sie immer die Tatsache berücksichtigen, dass schon erwirtschaftete Zinsen erneut verzinst werden.

## Zinsen und Zinseszinsen

Zunächst kann also die Betrachtung auf Fälle ausgedehnt werden, in denen der Betrag nicht nur über ein, sondern über mehrere Jahre angelegt und über diese Zeit mit einer gleichbleibenden Rate verzinst wird. Bei einer Anlage über mehrere Perioden müssen in den späteren Zeiträumen auch die am Anfang erwirtschafteten Zinsen – also Zinseszinsen – erneut verzinst werden. Die Berechnungsformel wird dementsprechend komplexer. So wird aus der Formel *Zukunftswert=Barwert*(1+Zinsrate)* die Formel *Zukunftswert=Barwert*(1+Zinsrate)^Anzahl Perioden*. Die Anzahl der Perioden, über die das Geld angelegt wird, drückt sich also durch den Exponenten in der Formel aus (Abbildung 2-2).

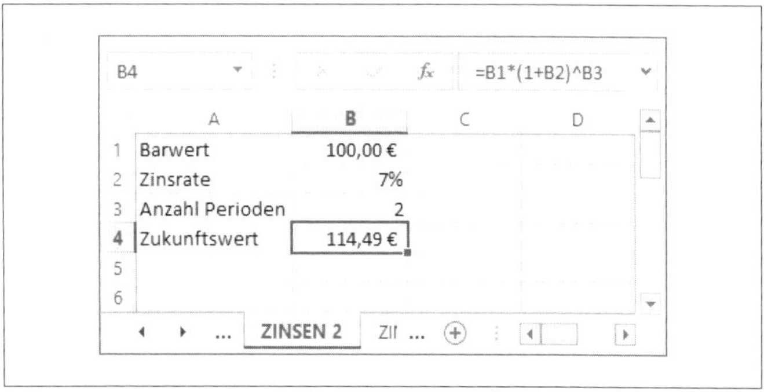


*Abbildung 2-2: Bei einer Anlage über mehrere Perioden müssen Sie mit Zinseszinsen arbeiten.*

## Monatszins und Jahreszins

Unter der oben erwähnten Periode versteht man im Allgemeinen den Zeitraum eines Jahrs, allerdings ist auch jede andere Zeitspanne möglich. Beachten Sie aber, dass zwischen den Perioden und der Zinsrate eine wichtige Beziehung besteht. Es spielt zwar keine Rolle, ob Sie den Zinssatz auf den Zeitraum eines Jahrs oder eines Monats beziehen, aber beide müssen dieselbe Einheit benutzen. Bezieht sich der Zinssatz auf ein Jahr, müssen Sie auch die Perioden in Jahren eingeben.

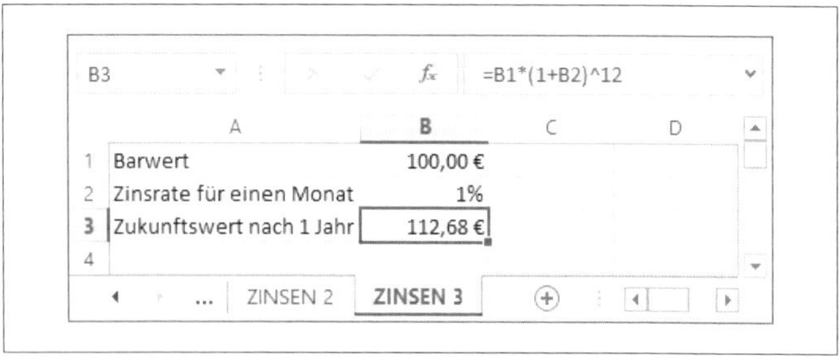


*Abbildung 2-3: Jahreszins und Monatszins können Sie schnell umrechnen. Hier wird zunächst der Zukunftswert aus dem Monatszins berechnet.*

Machen Sie nicht den Fehler, aus einer Angabe für den Monatszins den Betrag einfach durch Multiplikation mit 12 auf den Jahreszins hochzurechnen. In dem Fall würden Sie den Zinseszins vergessen. Wenn Sie beispielsweise einen Betrag von 100 € zu einem Satz von 1 % pro Monat verzinsen, erhalten Sie am Ende des Jahrs den korrekten Betrag von € 112,624. Die Berechnungsformel dafür lautet *Zukunftswert=Barwert*(1+Monatszins)^12* (Abbildung 2-3).

Den richtigen Jahreszins erhalten Sie, indem Sie den so errechneten Zukunftswert nach einem Jahr durch den Barwert teilen und davon 1 abziehen. Er beträgt in diesem Beispiel 12,68 % (Abbildung 2-4).

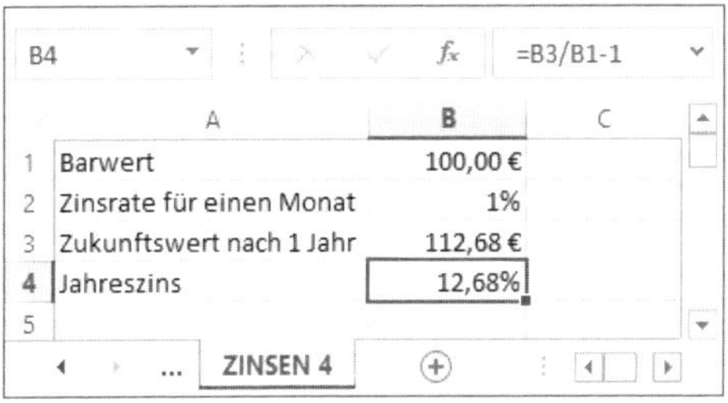


*Abbildung 2-4: Hier wird der Jahreszins berechnet.*

# Die allgemeine Zinsformel

Mit der eben beschriebenen Zinsformel haben Sie ein Werkzeug in der Hand, mit dem Sie – fast – alle finanzmathematischen Fragen beantworten können, wenn es um Situationen geht, in denen nur eine einzige Zahlung und eine einzige Rückzahlung geleistet werden. Sie können hiermit die folgenden Berechnungen durchführen:

- den *Zukunftswert* aus *Gegenwartswert*, *Anlagedauer* und *Zinsrate*,
- den *Gegenwartswert* aus *Zukunftswert*, *Anlagedauer* und *Zinsrate*,
- die notwendige *Anlagedauer* aus *Gegenwartswert*, *Zukunftswert* und *Zinsrate* oder

- die notwendige *Zinsrate* aus *Gegenwartswert*, *Zukunftswert* und *Anlagedauer*.

Wir zeigen Ihnen in den folgenden Abschnitten, wie das geht. Beachten Sie aber gleich, dass Ihnen mit den finanzmathematischen Funktionen von Excel natürlich bedeutend einfachere Werkzeuge zur Verfügung stehen, als wenn Sie die Zinsformel umformen.

## Einen Zukunftswert berechnen

Wollen Sie den Zukunftswert eines Betrags berechnen, der sich aus dem Gegenwartswert bei einer Verzinsung über einen bestimmten Zeitraum ergibt, können Sie das über die Formel *Zukunftswert=Gegenwartswert*(1+Zinsrate)^Zeitraum* erreichen.

**Beispiel** Beispielsweise könnten Sie einen Betrag von 500 € über 5 Jahre zu einem Zinssatz von 10 % anlegen. Dieser Betrag wächst dann in dieser Zeit zu einem Zukunftswert von 805,26 € an (Abbildung 2-5).

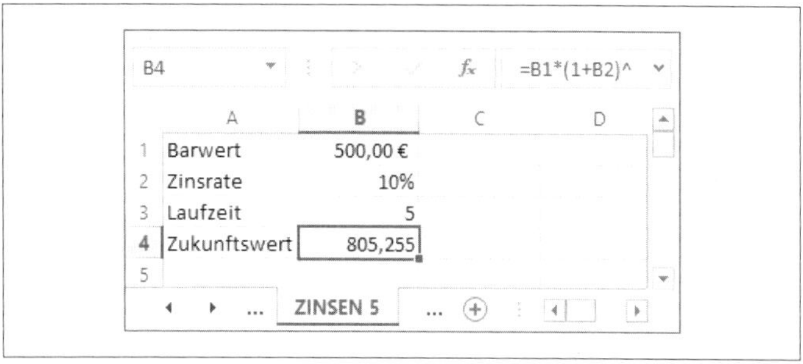


*Abbildung 2-5: Einen Zukunftswert bestimmen Sie aus Barwert, Zinsrate und Laufzeit.*

### Das exponentielle Wachstum

Hier ist der richtige Zeitpunkt für einen allgemeinen Hinweis: Da der Parameter *Zeitraum* in der Gleichung *Zukunftswert=Gegenwartswert*(1+Zinsrate)^Zeitraum* als Exponent – oder Hochzahl – auftaucht, haben Sie es hier mit einer Exponentialfunktion zu tun. Solche Funktionen haben die Eigenschaft, dass kleine Änderungen am Anfang der Entwicklung mit fortschreitender Zeit starke Auswirkungen haben. So kann sich beispielsweise ein Betrag von 1.000 € relativ schnell mehr als verdoppeln (Abbildung 2-6). Denken Sie also immer an die möglichen Auswirkungen von Änderungen und arbeiten Sie mit möglichst hoher Genauigkeit.

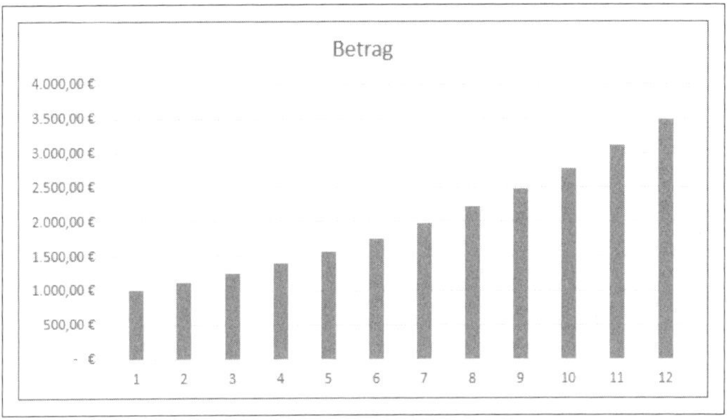


*Abbildung 2-6: Die Auswirkungen eines exponentiellen Wachstums.*

## Den Gegenwartswert berechnen

Umgekehrt erhalten Sie den Gegenwartswert für einen Betrag mit einem bestimmten Zukunftswert, der sich bei Anlage mit einer Zinsrate über einen Zeitraum ergeben würde, über die Gleichung *Gegenwartswert=Zukunftswert/(1+Zinsrate)^Jahre bis Zukunftswert.*

**Beispiel** Um bei einer Anlage über 10 Jahre zu einem Zinssatz von 7 % einen Betrag von 10.000 € zu erhalten, müssten Sie einen Betrag von *10.000/(1,07^(1/10)) = 5.083,49 €* anlegen (Abbildung 2-7).

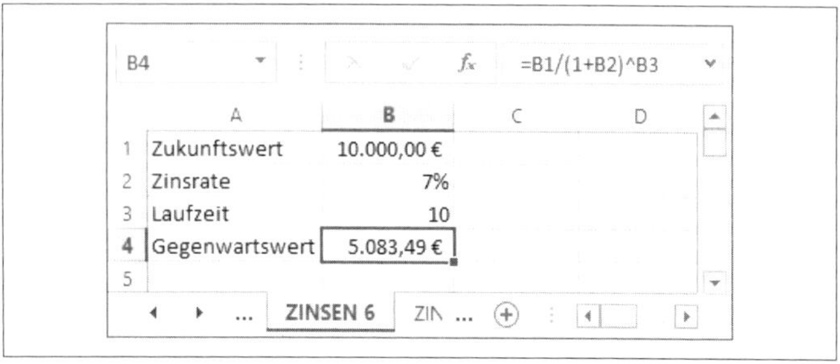


*Abbildung 2-7: Aus Zukunftswert, Zinsrate und Laufzeit können Sie den Barwert bestimmen.*

## Die Anlagedauer bestimmen

Mithilfe der Zinsformel können Sie auch die Frage beantworten, wie lange ein Betrag verzinst werden muss, bis er zu einem bestimmten Wert anwächst. Benutzen Sie dazu die Formel *Anlagedauer=LOG(Zukunftswert/Gegenwartswert)/LOG(1+Zinsrate)*. Diese Formel mag auf den ersten Blick etwas ungewohnt und kompliziert erscheinen, es handelt sich dabei aber nur um die nach der Anlagedauer aufgelöste ganz normale Zinsformel.

**Beispiel** Sie haben beispielsweise 1.000 € zu 7 % angelegt und wollen wissen, wie lange es dauert, bis diese Anlage auf 2.000 € anwächst. Das Ergebnis lautet: 10,24 Jahre (Abbildung 2-8).

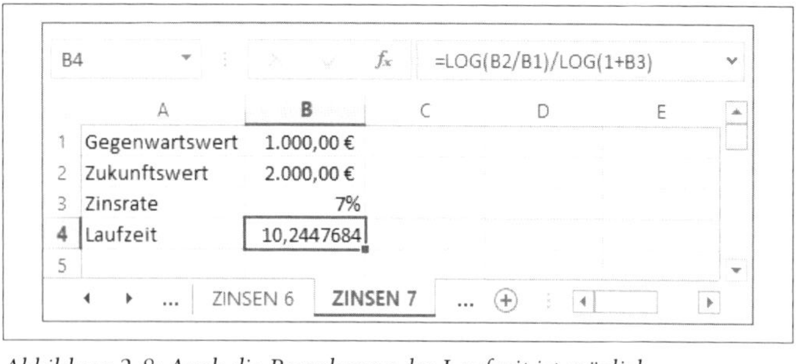


*Abbildung 2-8: Auch die Berechnung der Laufzeit ist möglich.*

## Den Zinssatz berechnen

Wenn Sie wissen möchten, welcher Zinssatz notwendig ist, um einen Betrag von einem Gegenwartswert innerhalb eines Zeitraums auf einen bestimmten Zukunftswert anwachsen zu lassen, können Sie ebenfalls die Zinsformel benutzen.

**Beispiel** Angenommen, Sie wollen wissen, wie hoch der Zinssatz sein muss, damit 1.000 € innerhalb von 10 Jahren auf 2.000 € anwachsen. Das Ergebnis ist 6,70 % (Abbildung 2-9).

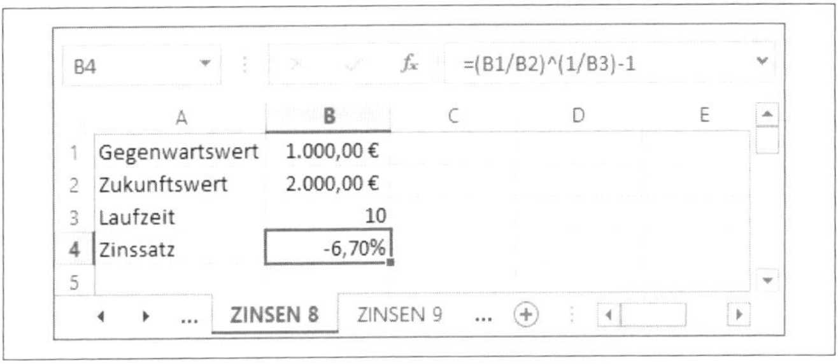


*Abbildung 2-9: Berechnen Sie den Zinssatz aus Barwert, Zukunftswert und Laufzeit.*

Lassen Sie sich auch hier nicht von der bei Excel vielleicht etwas merkwürdig aussehenden Formel *=(B1/B2)^(1/B3)-1* verwirren. Es handelt sich hier wirklich nur um die nach der Zinsrate aufgelöste Zinsformel.

KAPITEL 3

# Grundfunktionen der Finanzmathematik

Nachdem die Grundlagen durch die Diskussion der Zinsformel geklärt sein dürften, können wir uns jetzt dem eigentlichen Thema dieses Büchleins zuwenden – den in Excel beheimateten finanzmathematischen Funktionen. Sie finden darunter beispielsweise Funktionen, die Ihnen den Gegenwartswert, den Zukunftswert, die Anlagedauer oder die Zinsrate berechnen. Das sind Begriffe, die Sie aus der Lektüre des vorherigen Kapitels bereits kennen sollten, und das verwundert nicht, wenn man weiß, dass die Excel-Funktionen für Finanzmathematik ohne Ausnahme aus der Zinsformel abgeleitet wurden. Natürlich liefern die Excel-Funktionen – auch die einfachen – noch bedeutend mehr Informationen und sind auch bequemer einzusetzen als die klassische Zinsformel, theoretisch lassen sich aber solche Fragestellungen auf der Basis der vorher beschriebenen Methoden auch ohne spezielle finanzmathematische Gleichungen – zur Not durch Näherung – beantworten. Das bedeutet jedoch einen entsprechend hohen Aufwand an Programmierarbeit und mathematischen Kenntnissen. Microsoft Excel stellt darum mehrere Funktionen zur Verfügung, mit denen sich die Berechnungen vereinfachen lassen.

Wir wollen uns in diesem Kapitel zunächst mit den etwas »einfacheren« Funktionen der Finanzmathematik beschäftigen, in den beiden folgenden Kapiteln gehen wir dann auf die finanzmathematischen Funktionen für Wertpapieranlagen und die finanzmathematischen Funktionen zur Berechnung der Abschreibung ein. Wir haben dieses Kapitel in Funktionsgruppen für einmalige und regelmäßige Zahlungen einerseits und solche für variable Zahlungsraten untergliedert. Wir wollen mit den einfachsten Problemstellungen beginnen und die Komplexität allmählich steigern.

## Einige Vorbemerkungen

Ehe wir hier weiter in die Tiefe gehen, sind vielleicht einige Vorbemerkungen sinnvoll. Diese betreffen die wichtigsten Argumente dieser Gruppe von Funktionen, das Arbeiten mit Iterationen und mit Schätzwerten und Besonderheiten bei der Eingabe von Datumswerten.

### Die wichtigsten Argumente der Funktionen

Eine größere Zahl von Argumenten taucht bei vielen dieser Funktionen immer wieder auf. Wir liefern Ihnen deswegen schon einmal einen Überblick.

*Tabelle 3-1: Die wichtigsten Argumente bei den Grundfunktionen*

| | |
|---|---|
| *Bw* | Heißt *Barwert*. Der gegenwärtige rechnerische Wert einer Reihe regelmäßiger, gleich bleibender Zahlungen, beispielsweise einer Rente. |
| *Rmz* | Steht für *Ratenzahlung* und beschreibt die Höhe von regelmäßig zu leistenden oder zu erhaltenden Zahlungen. |
| *Zins* | Ist der Zinssatz für einen Zahlungszeitraum. Er wird dezimal – beispielsweise in der Form 0,08 – oder als Prozentzahl – in der Form 8 % – angegeben. |
| *Zr* | Steht für die einzelne Zahlungsperiode im Gesamtzeitraum. |
| *Zw* | Ist der zukünftige Wert einer Investition – kurz gesagt der *Zukunftswert*. Wird *Zw* als optionales Argument benutzt, wird es mit *0* angenommen, wenn Sie keinen speziellen Wert dafür setzen. |
| *Zzr* | Steht für die Anzahl der Zahlungsperioden. Sie müssen darauf achten, dass die *Zzr* mit den anderen Argumenten bezüglich der Einheiten übereinstimmen – verwenden Sie beispielsweise entweder Jahre, Monate oder Tage in einer Funktion. Werden Monate verwendet, muss auch der Monatszins – *Jahreszins*12* – eingesetzt werden. Beachten Sie auch, dass in Deutschland das Zinsjahr in 12 Zinsmonate mit jeweils 30 Tagen eingeteilt wird. In anderen Ländern ist das oft anders. |
| *F* | *F* für *Fälligkeit* legt fest, ob die Zinsen am Anfang oder am Ende einer Periode gezahlt werden, also ob eine Berechnung für eine vorschüssige oder eine nachschüssige Rentenzahlungen erfolgen soll. Wird *F* nicht angegeben oder mit *0*, wird die Funktion als nachschüssig berechnet, die Zahlungen erfolgen also am Ende der Periode. Wird *F* mit *1* angegeben, so erfolgt die Berechnung für eine vorschüssige Rente. |

## Die Eingabe von Datumswerten

Wir hatten es in der Einführung zu diesem Buch bereits erwähnt: Datumsangaben werden in Microsoft Excel als fortlaufende Zahlen gespeichert, damit sie für Berechnungen verwendet werden können. Standardmäßig ist der 1. Januar 1900 die fortlaufende Zahl 1 und der 1. Januar 2008 die fortlaufende Zahl 39448, da dieses Datum 39448 Tage nach dem 01.01.1900 liegt.

Viele Funktionen verlangen die Eingabe von Datumsangaben als Argumente. Gerade bei den finanzmathematischen Funktionen für Wertpapieranlagen gibt es eine Menge davon. Diese dürfen Sie hier nicht wie gewohnt als Datumswert – etwa in der Form 17.10.2014 – eingeben. Stattdessen benutzen Sie zur Eingabe eine Funktion wie beispielsweise *=DATUM(2014;10;17)*. Sie können auch eine andere Funktion verwenden – beispielsweise *=HEUTE()* –, die einen Datumswert in der korrekten Form erzeugt. Und Sie können – das ist sicherlich die unbequemste Form – einen numerischen Datumswert, wie 41929 für das Datum 17.10.2014, benutzen. Es tauchen immer Probleme auf, wenn Datumsangaben als Text eingegeben werden.

## Arbeiten mit Iterationen und mit Schätzwerten

Einige der finanzmathematischen Funktionen von Excel verwenden Iterationsverfahren, beispielsweise die zur Berechnung des Zinssatzes. Das hat rein mathematische und keine finanzmathematischen Gründe. Eine Iteration ist ein aus mehreren Schritten bestehendes Berechnungsverfahren, bei denen die einzelnen Schritte aufeinander aufbauen. Das Ergebnis eines Schrittes wird als Ausgangspunkt für den nächsten verwendet. Die Folge der Ergebnisse muss konvergieren – die Differenz zum vorangegangenen Rechenschritt muss von Schritt zu Schritt werden. Wenn die Differenz kleiner als ein akzeptierter Fehler ist, dann ist das Ergebnis hinreichend genau bestimmt, und das Verfahren wird beendet.

Es ist sowohl möglich, dass es keine, als auch, dass es mehrere Lösungen gibt. Aus diesem Grund ist es immer sinnvoll, einen Startwert für die Iteration vorzugeben. Wenn das Iterationsverfahren mit diesem Startwert nicht konvergiert und den Fehlerwert *#ZAHL!* zurückgibt, sollten Sie einen anderen Schätzwert angeben. Bei den typischen finanzmathematischen Funktionen von Excel konvergieren die Verfahren meist dann, wenn der Schätzwert zwischen 0 und 1 liegt.

Es gibt übrigens unterschiedliche Iterationsverfahren. Die beiden bekanntesten sind vielleicht das Newton-Verfahren und Regula Falsi. Excel benutzt beide bei verschiedenen Funktionen.

## Die »Richtung« der Zahlung

Mehrere Funktionen berücksichtigen immer die Richtung der Zahlungen. Damit ist Folgendes gemeint: Wenn Sie beispielsweise Einzahlungen zu einem Sparvertrag an ein Institut leisten und diese als positiven Wert angeben, wird der zukünftige Wert der Anlage als negative Zahl angezeigt, da der Wert an Sie zurückfließt. Wenn Sie die Daten im Format *Währung* formatiert haben, erscheinen diese außerdem standardmäßig in roter Schrift. Sie können Irritationen vermeiden, indem Sie ein Minuszeichen vor die Berechnungsformel setzen.

Es gibt dabei aber auch Ausnahmen: Für Annuitätenfunktionen gilt, dass alle Zahlungen, die Sie tätigen (beispielsweise Spareinlagen), durch negative Zahlen, und alle Geldbeträge, die Sie einnehmen (beispielsweise Dividenden), durch positive Zahlen dargestellt werden. So würde eine Spareinlage von 1.000 € durch das Argument *-1000* dargestellt, wenn Sie der Einzahler sind, und durch das Argument *1000*, wenn Sie die Bank sind.

## Was sind Annuitäten

Eine Annuität ist einfach eine zusammengesetzte Zahlung. Sie besteht fast immer aus einem Tilgungsanteil und einem Zinsanteil. Die Summe dieser beiden Anteile liefert einen konstanten Betrag (die Raten) die innerhalb eines zusammenhängenden Zeitraums in den einzelnen Perioden für die Rückzahlung eines Kredits fällig sind. So wird beispielsweise ein Autokredit oder eine Hypothek in Form einer Annuität zurückgezahlt.

Excel stellt für die Arbeit mit Zahlungsreihen in Form von Annuitäten diverse Funktionen zur Verfügung.

*Tabelle 3-2: Funktionen zur Berechnung von Annuitäten*

| | |
|---|---|
| *KUMZINSZ* | Berechnet den Gesamtbetrag der zwischen zwei Zeitpunkten zu zahlenden Zinsen. Als Zeitpunkte müssen Sie die Nummern der jeweiligen Perioden angeben. |
| *KAPZ* | Gibt die Kapitalrückzahlung einer Investition für eine angegebene Periode zurück. |
| *KUMKAPITAL* | Berechnet die aufgelaufene Tilgung eines Darlehens, die zwischen zwei Perioden zu zahlen ist. |
| *BW* | Bestimmt den Barwert einer Anzahl von Zahlungen gleicher Höhe mit konstanten Raten zu einem bestimmten – konstanten – Zins. |
| *ZW* | Berechnet, welchem Zukunftswert eine Reihe von konstanten Zahlungen über einen Zeitraum bei einem bestimmten Zinssatz entspricht. |
| *ZINS* | Bestimmt den Zinssatz einer Annuität pro Periode. |
| *XINTZINSFUSS* | Liefert den internen Zinsfuß einer Reihe nicht periodisch anfallender Zahlungen. |
| *ZINSZ* | Liefert – ausgehend von regelmäßigen, konstanten Zahlungen und einem konstanten Zinssatz – den Betrag, der in der angegebenen Periode an Zinsen gezahlt wird. |
| *XKAPITALWERT* | Liefert den Nettobarwert einer Reihe nicht periodisch anfallender Zahlungen. |
| *RMZ* | Berechnet, wie hoch die konstanten Raten über einen Zeitraum sein müssen, damit sie – zu einem bestimmten Satz verzinst – einem bestimmten Gegenwartswert oder einem Zukunftswert entsprechen. |

Für diese Annuitätenfunktionen gilt, dass alle Zahlungen, die Sie tätigen – beispielsweise Spareinlagen –, durch negative Zahlen, und alle Geldbeträge, die Sie einnehmen – beispielsweise Dividenden –, durch positive Zahlen dargestellt werden. So würde eine Spareinlage von 1.000 € durch das Argument *-1000* dargestellt, wenn Sie der Einzahler sind, und durch das Argument *1000*, wenn Sie die Bank sind. Das gilt für Excel und auch allgemein.

Die für die Berechnung des Zinssatzes zur Verfügung stehenden Funktionen verwenden dafür ein Iterationsverfahren. Aus diesem Grund ist es sinnvoll, einen Startwert für die Iteration vorzugeben.

# Einmalige und regelmäßige Zahlungen

Das vielleicht einfachste »Problem« der Finanzmathematik kennen Sie bereits aus dem vorherigen Kapitel: Ein einzelner Betrag wird einmal für gewisse Zeit angelegt, über die Dauer der Anlage verzinst und dann zurückgezahlt. Sie haben es hier wieder mit den aus dem vorigen Kapitel bekannten vier Größen zu tun: Der Betrag, von dem Sie ausgehen, wird allgemein als *Gegenwartswert* oder als *Barwert* bezeichnet. Der Wert, auf den dieser Betrag durch die Verzinsung anwächst, wird allgemein als *Zukunftswert* bezeichnet. Bei der *Zinsrate* kann es sich um einen Monatszins, einen Jahreszins oder den Zins für einen beliebigen Zeitraum handeln. Der *Zeitraum*, für den der Betrag angelegt wird, muss derselbe sein, der auch bei der Berechnung der Zinsrate zugrunde gelegt wird. Wenn Sie also mit einem Jahreszins arbeiten, müssen Sie auch beim Zeitraum in Jahren arbeiten – oder entsprechende Umrechnungen vornehmen.

Auch wenn Sie mit den finanzmathematischen Funktionen von Excel arbeiten, müssen von vier dieser Größen drei bekannt sein, damit Sie die vierte bestimmen können – es spielt keine Rolle, welche. Kennen Sie beispielsweise den *Barwert*, die *Zinsrate* und den *Zeitraum*, können Sie daraus den *Zukunftswert* berechnen.

## Gegenwartswert und Zukunftswert

Excel stellt zur Analyse dieser Größen mehrere Funktionen bereit. Diese Funktionen verlangen als Argumente die Eingabe der bereits bekannten Werte – beispielsweise *Barwert*, *Zinsrate* und *Zeitraum* – und liefern als Ergebnis die gesuchte Größe – beispielsweise den *Zukunftswert*. Die Arbeit damit ist Thema dieses Kapitels. Wir wollen es aber auch gleich dazu benutzen, Sie etwas näher mit der Syntax der finanzmathematischen Funktionen von Excel und den darin verwendeten Argumenten vertraut zu machen. Dazu wollen wir – als Vorspann – die beiden Funktionen *ZW* und *BW* – die Abkürzungen stehen für *Gegenwartswert* und *Zukunftswert* – dazu benutzen, den Sinn dieser beiden Funktionen zu verdeutlichen (Tabelle 3-3).

*Tabelle 3-3: Wichtige Funktionen zur Berechnung von Gegenwarts- und Zukunftswert.*

| | |
|---|---|
| *BW* | Gibt den Barwert – also den Gegenwartswert – einer Investition zurück. |
| *ZW* | Gibt den zukünftigen Wert – den Endwert – einer Investition zurück. |

Damit der Stoff nicht direkt am Anfang zu trocken wird, wollen wir uns gleich im Abschluss daran mit der interessanten Funktion *NBW* beschäftigen. *NBW* steht für *Nettobarwert*. Mit dieser Funktion berechnen Sie den Gegenwartswert einer Zahlungsreihe, deren Raten in gleichen zeitlichen Abständen, aber in unterschiedlicher Höhe eintreffen und zu einem gleichbleibenden Satz verzinst werden. Mit dieser Funktion wird die Bedeutung der Begriffe *Gegenwartswert* und *Zukunftswert* noch klarer.

## ZW(Zins; Zzr; Rmz; [Bw]; [F])

Mit der Funktion *ZW* können Sie, allgemein gesagt, berechnen, welchem Zukunftswert eine Reihe von konstanten Zahlungen über einen Zeitraum bei einem bestimmten Zinssatz entspricht. Wie Sie gleich sehen werden, eignet sich die Funktion aber auch für ganz einfache Zins- und andere Berechnungen.

| | |
|---|---|
| *Zins* | Ist der *Zinssatz* für eine Periode des Zahlungszeitraums. Dieser Zinssatz ist bei dieser Funktion für alle Perioden des Zahlungszeitraums eine feste Größe. |
| *Zzr* | Meint die *Anzahl der Zahlungszeiträume*. Geben Sie hier an, über wie viele Perioden die konstante Zahlung geleistet wird. Wenn Sie beispielsweise Beträge über 10 Jahre zahlen, geben Sie hier 10 ein. |
| *Rmz* | Steht für *regelmäßige Zahlung*. Gemeint ist damit der Betrag – die Annuität –, der in jeder Periode als konstanter Wert gezahlt wird. Dieser Betrag beinhaltet in Allgemeinen Zins- und Tilgungsanteile und ist eine konstante Größe. |
| *Bw* | Steht für *Barwert*. Dieses optionale Argument ermöglicht die Angabe eines zusätzlichen Barwerts, der – neben den regelmäßigen Zahlungen – bereits zu Beginn vorhanden ist. Dieser Betrag wird über die gesamte Laufzeit mit verzinst. Fehlt das Argument, wird es als 0 angenommen. |
| *F* | Ist eine *Abkürzung* für Fälligkeit und gibt an, wann die Zahlungen innerhalb der Periode geleistet werden. Zwei Alternativen sind möglich: mit *0* (oder weggelassen) werden die Zahlungen am Ende einer Periode (nachschüssige Rente) geleistet, mit *1* am Anfang einer Periode (vorschüssige Rente). |

Standardmäßig wird angenommen, dass die regelmäßigen Zahlungen jeweils am Ende einer Periode erfolgen. Das führt manchmal zu Verwirrungen. *ZW(10%; 1; 100)* liefert deswegen das Ergebnis 100 €. *ZW(10%; 2; 100)* ergibt 210 €, da 100 € am Ende der ersten Periode gezahlt – also für die verbleibende Periode voll – mit 10 % = 10 € – verzinst werden. Die zweite Zahlung erfolgt am Ende der zweiten Periode, wird also nicht verzinst. Es spielt keine Rolle, welche Maßeinheit Sie für den Zeitraum wählen.

Wichtig ist aber, dass sich der dazugehörige Zins auf dieselbe Maßeinheit bezieht. Wird über ein Jahr hinweg ein monatlicher Betrag von 10 € gezahlt und wird als Zins 1 % pro Monat berechnet, entspricht das einem Zukunftswert von *ZW(1%; 12; 10) = €126,83*.

**Beispiel 1** Wenn Sie bei der Funktion nur die ersten drei Parameter – also *Zins*, die Anzahl der *Zahlungszeiträume* und den *Barwert* – verwenden, geht Excel davon aus, dass die Zinsen erst am Ende der jeweiligen Perioden gezahlt werden. Haben Sie beispielsweise nur eine Periode angesetzt, tauchen die Zinsen überhaupt nicht auf, da sie erst zu Beginn einer noch kommenden zweiten Periode gezahlt werden (Abbildung 3-1).

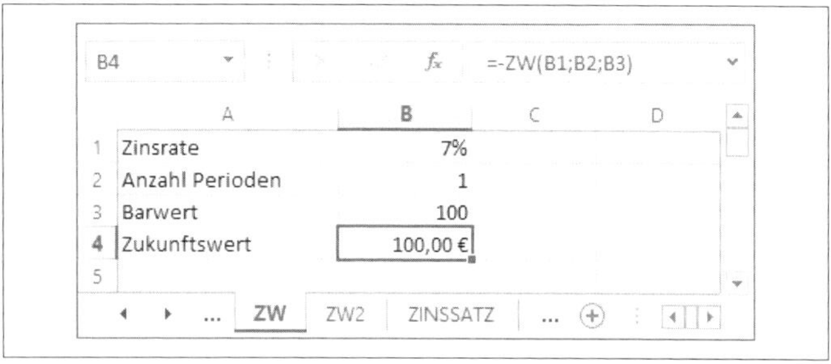


*Abbildung 3-1: Die Zinsen werden erst am Anfang der zweiten Periode gezahlt.*

Einfache Aufgaben, beispielsweise die Berechnung eines simplen Zukunftswerts bei gegebenem Zinssatz, Barwert und Anzahl der Zahlungszeiträume, lösen Sie also am einfachsten, indem Sie die gerade nicht benötigten Argumente aus der Funktionssyntax weglassen.

**Beispiel 2** Angenommen, Sie wollen nur berechnen, wie viel ein Betrag wert ist, wenn Sie ihn über eine bestimmte Zeit mit einem bestimmten Zinssatz anlegen. Dann müssen Sie mit dem zusätzlichen Argument *F* arbeiten. *F* steht ja für *Fälligkeit* und beschreibt, wann die Zahlungen innerhalb der Periode geleistet werden. Die Zinsen werden dann bereits für die erste Periode vermerkt (Abbildung 3-2).

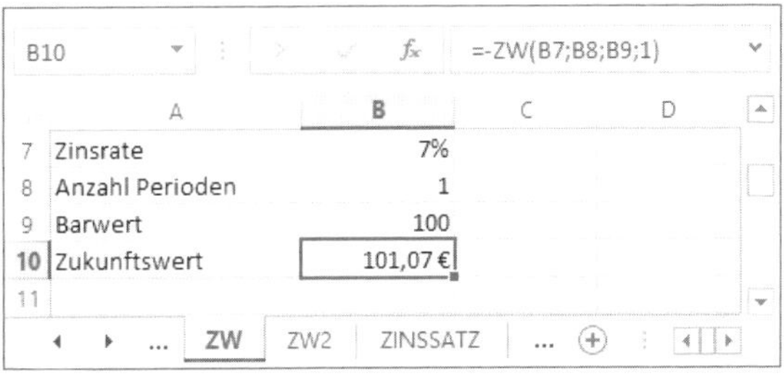


*Abbildung 3-2: Die Zinsen werden am Ende der ersten Periode gezahlt.*

**Beispiel 3** Sie können diese Funktion aber auch für etwas kompliziertere Aufgaben einsetzen: Angenommen, Sie verfügen über einen momentanen Kontostand von 1.000,00 € und zahlen jedes Jahr einen zusätzlichen Betrag von 100,00 € ein. Die Einzahlungen erfolgen am jeweiligen Jahresende. Der Zinssatz beträgt 7,00 % pro Jahr. Nach 10 Jahren beträgt Ihr Kontostand 1.381,64 € (Abbildung 3-3).

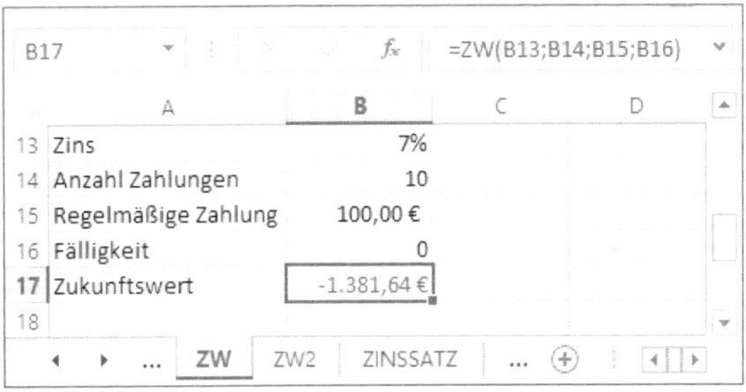


*Abbildung 3-3: Der Zukunftswert beträgt 28.866,84 €.*

Beachten Sie dabei gleich, dass das Ergebnis der Berechnung – -1.381,64 € – im Währungsformat in roter Schrift angezeigt wird. Das symbolisiert – zusammen mit dem Minuszeichen – die Richtung der Zahlung (siehe unten).

**Beispiel 4** Beachten Sie bei der Funktion *ZW* auch gleich das optionale Argument *BW*. Damit können Sie dafür sorgen, dass ein bestimmter Betrag – ein *Barwert* – bereits von Beginn an vorhanden ist und mit verzinst wird (Abbildung 3-4).

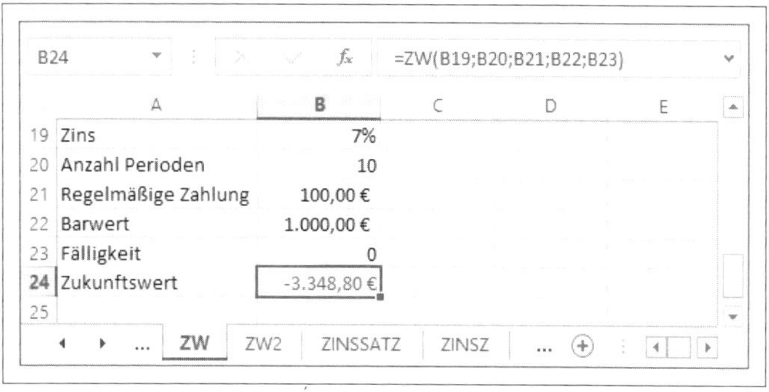


*Abbildung 3-4: Ein bereits vorhandener Barwert wird über die Laufzeit mit verzinst.*

Die rote Anzeige des Ergebnisses zeigt sich auch hier. Die Höhe des Betrages erklärt sich aus der Tatsache, dass gleich zu Beginn ein Betrag von über 1,000.00 € verzinst wird.

**Verwandte und ähnliche Funktionen** Mit der Funktion *BW* können Sie berechnen, welchem Gegenwartswert eine Reihe von konstanten Zahlungen über einen Zeitraum bei einem bestimmten Zinssatz entspricht (Seite 54). *BW* stellt im weitesten Sinne eine Art Umkehrfunktion zur gerade beschriebenen Funktion *ZW* dar.

## BW(Zins; Zzr; Rmz; Zw; [F])

Die Funktion *BW* ist im Prinzip eine Art Umkehrfunktion zur Funktion *ZW*. Entsprechend sind die von der Funktion verwendeten Argumente fast identisch mit denen der Funktion *ZW*. Diese Funktion bestimmt den Barwert einer Anzahl von Zahlungen gleicher Höhe mit konstanten Raten zu einem bestimmten – konstanten – Zins. Anders ausgedrückt: Sie können damit feststellen, unter welchen Voraussetzungen hinsichtlich Zins, Anzahl und Höhe der Zahlungen Sie mit einem bestimmten Gegenwartswert rechnen könnten.

| | |
|---|---|
| *Zins* | Ist der *Zinssatz* pro Periode innerhalb des Zahlungszeitraums. Dieser Zinssatz ist wiederum für alle Perioden eine feste Größe. |
| *Zzr* | Steht für *Anzahl der Zahlungszeiträume*. Das Argument gibt an, über wie viele Perioden die jeweilige Zahlung geleistet wird. |
| *Rmz* | Steht für *regelmäßige Zahlung* und ist der Betrag, der in jeder Periode gezahlt wird. Dieser Betrag beinhaltet in Allgemeinen Zins- und Tilgungsanteile, aber keine weiteren Posten. Auch dieser Betrag kann sich während der Laufzeit nicht ändern. |
| *Zw* | Meint den *Zukunftswert*. Anstatt einen Wert für das Argument *Rmz* einzugeben, können Sie nämlich auch anders verfahren: Sie geben für den Parameter *Zw* den gewünschten zukünftigen Wert – den Endwert oder den Kassenbestand, den Sie nach der letzten Zahlung erreicht haben möchten – ein. In diesem Fall benötigen Sie keinen Eintrag für das Argument *Rmz*. Fehlt aber das Argument *Zw*, wird es als 0 angenommen – beispielsweise ist der Endwert eines Kredits gleich 0. *Rmz* muss aber dann angegeben werden. |
| *F* | Steht für *Fälligkeit*. Kann den Wert 0 oder 1 annehmen und gibt an, wann die Zahlungen fällig sind. Mit *0* (oder weggelassen) werden die Zahlungen am Ende einer Periode als nachschüssige Rente geleistet, mit *1* am Anfang einer Periode als vorschüssige Rente. |

Stellen Sie auch hier sicher, dass Sie für *Zins* und *Zzr* zueinander passende Zeiteinheiten verwenden. Wenn beispielsweise *Zins* einen Jahreszins verlangt, muss *Zzr* auch in Jahren angegeben werden.

**Beispiel 1** Wenn Sie schnell ermitteln wollen, welchen Barwert Sie heute benötigen, wenn Sie in den nächsten 10 Jahren eine zusätzliche Rente von 1.000 € pro Jahr wünschen, können Sie das mithilfe der Funktion tun. Sie benötigen als zusätzliche Daten nur den zu erwartenden Zinssatz (Abbildung 3-5).

Sie müssen also wiederum nur die ersten drei Parameter – Zins, die Anzahl der Zahlungszeiträume und die jährliche Zahlung – verwenden. Excel geht dann erneut davon aus, dass die Zinsen erst am Ende der jeweiligen Perioden gezahlt werden.

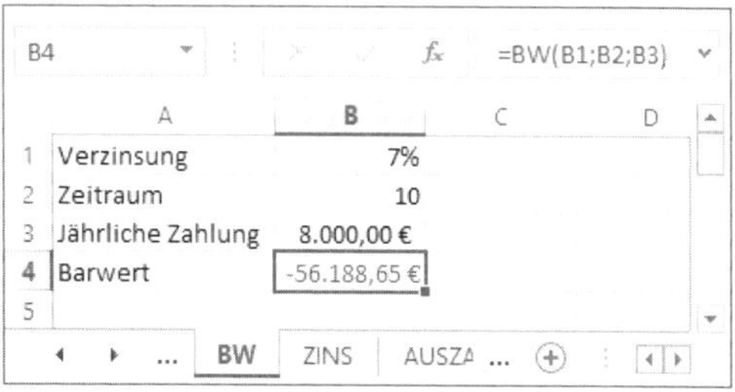


*Abbildung 3-5: Sie benötigen ca. 56.000 € für Ihr Rentenkonto.*

**Beispiel 2** Wie die Funktion *ZW* können Sie auch die Funktion *BW* für eine Vielzahl von Aufgaben verwenden. Wenn Sie beispielsweise über 10 Jahre hinweg regelmäßig einen Betrag von 1.000,00 € pro Jahr zu einem Zinssatz von 7 % anlegen, entspräche das in heutigem Geld einem Betrag von 7.023,58 € (Abbildung 3-6).

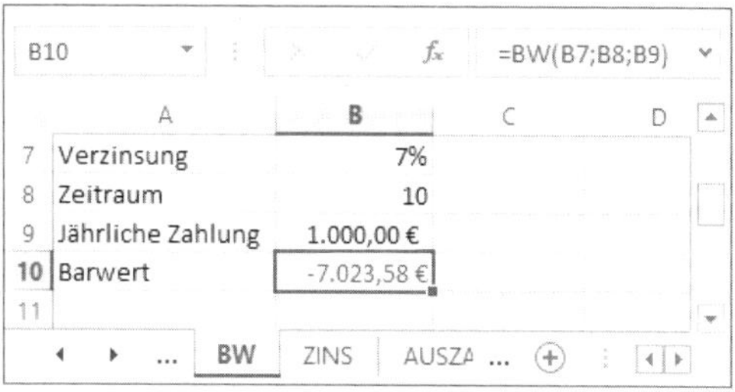


*Abbildung 3-6: Die Zinsen werden erst am Anfang der zweiten Periode gezahlt.*

Sie können diese Zahlen auch andersherum interpretieren: Wenn Sie heute einen Kredit von 7.023,58 € aufnehmen würden, könnten Sie ihn in 10 Jahresraten von 1.000,00 € zurückzahlen, wenn der Zinssatz 7 % beträgt.

**Beispiel 3** Auch bei der Funktion *BW* wird angenommen, dass die regelmäßigen Zahlungen am Ende der jeweiligen Periode erfolgen. Sie können aber auch einen anderen Modus fordern. Benutzen Sie dazu das zusätzliche Argument *F* (Abbildung 3-7). *F* steht ja für *Fälligkeit* und beschreibt, wann die Zahlungen innerhalb der Periode geleistet werden. Denken Sie daran, hier das als Trennzeichen fungierende Semikolon doppelt einzugeben, um die beiden Argumente *Zw* und *F* voneinander zu trennen.

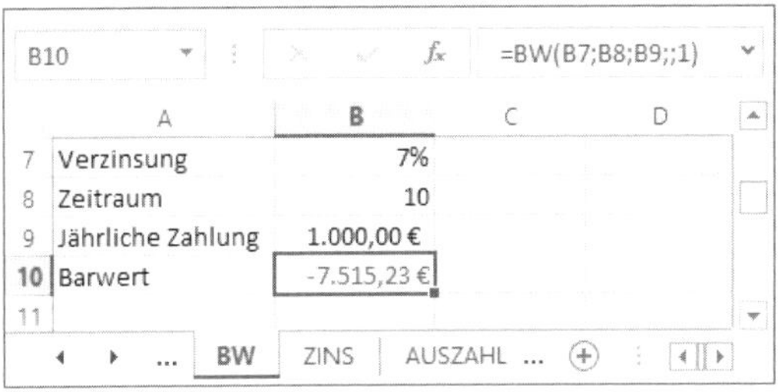


*Abbildung 3-7: Die Zahlung erfolgt am Anfang der Periode.*

**Weitere Hinweise** Weitere interessante Hinweise zur Funktion *BW* finden Sie in der Onlinehilfe. Die HilfeSeite liefert Ihnen beispielsweise Angaben zur Berechnungsweise der Funktion. Für den schnellen Zugriff wählen Sie zuerst das Register *Formeln* im Menüband und dann den Befehl *Funktion einfügen* in der Gruppe *Funktionsbibiliothek*. Markieren Sie die Funktion *BW* und klicken Sie auf *Hilfe für diese Funktion*.

**Verwandte und ähnliche Funktionen** Mit der Funktion *ZW* können Sie berechnen, welchem Zukunftswert eine Reihe von konstanten Zahlungen über einen Zeitraum bei einem bestimmten Zinssatz entspricht (Seite 51). Die Funktion stellt im Prinzip eine Art Umkehrfunktion zur Funktion *BW* dar.

## ZW2(Kapital; Zinsen)

Es gibt eine Funktion in dieser Gruppe, die von vielen Anwendern als unsinnig bezeichnet wird – und vielleicht ist sie das auch.

Zumindest macht sie einen etwas überflüssigen Eindruck, da man auch ohne sie auf manuellem Wege schnell zu den Berechnungsergebnissen kommt. Mit der Funktion *ZW2* können Sie den zukünftigen Wert einer Investition berechnen, für die ein variabler oder wechselnder Zinssatz vereinbart ist. Die Funktion gibt den aufgezinsten Wert des Anfangskapitals für eine Reihe periodisch unterschiedlicher Zinssätze zurück.

| | |
|---|---|
| *Kapital* | Ist der gegenwärtige Wert – beispielsweise der über die Zeit zu investierende Betrag. |
| *Zinsen* | Beinhaltet eine Matrix, die die einzusetzenden Zinssätze enthält. Der Sinn der Funktion wird klarer, wenn man mit mehreren unterschiedlichen Zinssätzen arbeitet. |

**Beispiel** Die Arbeitsweise der Funktion lernen Sie am besten an einem einfachen Beispiel kennen: Geben Sie zunächst die Grunddaten ein, mit denen Sie die Berechnung durchführen wollen. Das sind hier das zu verzinsende Kapital und die Zinssätze für mehrere Perioden. Benutzen Sie beispielsweise die Zelle *C1* für das Kapital und den Bereich *B3:B7* für fünf Zinssätze (Abbildung 3-8).

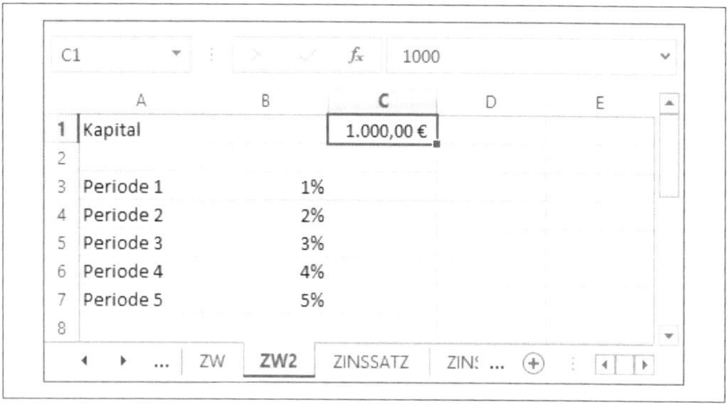


*Abbildung 3-8: Der Berechnungsrahmen wurde erstellt.*

Geben Sie dann in die Zelle *C3* die Formel *=ZW2($C$1;$B$3:B3)* ein, und kopieren Sie diese in den Bereich darunter. Damit wird die Wirkung der Funktion klar: Das Kapital wird schrittweise mit den

Zinsraten in derselben Zeile aufgezinst. In der Zelle C3 finden Sie jetzt den Wert 1.010,00 € – das Anfangskapital wurde mit 1 % verzinst. Diese Verzinsung setzt sich in den folgenden Zeilen fort (Abbildung 3-9).

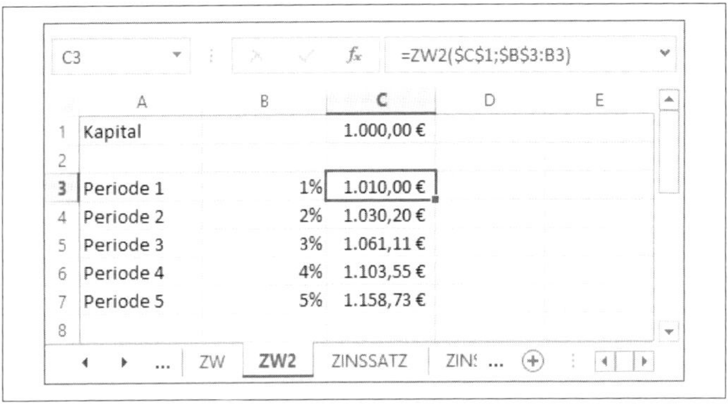


*Abbildung 3-9: Die Formel wurde eingegeben und kopiert.*

Sie können nun die Daten im Berechnungsrahmen ändern. Die Ergebnisse werden angezeigt (Abbildung 3-10).

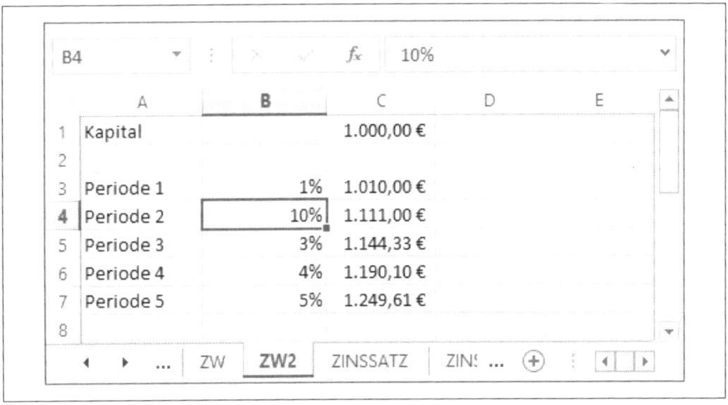


*Abbildung 3-10: Änderungen können durchgeführt werden.*

### NBW(Zins, Wert1, [Wert2], ...)

Greifen wir jetzt etwas vor und betrachten wir gleich noch eine etwas komplexere Funktion. *NBW* steht für *Nettobarwert*. Mit dieser Funktion berechnen Sie den Gegenwartswert einer Zahlungsreihe, deren Raten mit gleichen zeitlichen Abständen, aber in unterschiedlicher Höhe eintreffen und zu einem gleichbleibenden Satz verzinst werden. Eine derartige Funktion ist für unterschiedliche Aufgaben einsetzbar.

| | |
|---|---|
| *Zins* | Ist der Zinssatz. |
| *Wert1; Wert2; ...* | Sind 1 bis 29 Argumente, die den Auszahlungen und den Einzahlungen entsprechen. |

- Die Berechnung des Nettobarwerts erfolgt für die Periode vor dem Datum, an dem die Zahlung *Wert1* erfolgt. Auszahlungen und Einzahlungen müssen in der richtigen Reihenfolge eingegeben werden.
- Achten Sie darauf, dass Sie die Auszahlungen und Einzahlungen – also die Werte *Wert1; Wert2; ...* usw. – in der richtigen zeitlichen Reihenfolge eingeben.
- Es wird bei dieser Funktion immer angenommen, dass die Zahlungen am Ende einer Periode erfolgen. Erfolgt die erste Zahlung am Anfang der ersten Periode – das ist gleichbedeutend mit einer Zahlung am Ende der nullten Periode –, darf dieser Wert nicht in die Liste der Argumente eingegeben werden, sondern muss zu dem von *NBW* gelieferten Ergebnis addiert werden.

**Beispiel** Angenommen, Ihnen wird ein Geschäft zum Kauf angeboten, das Ihnen über die nächsten 10 Jahre Geld bringen wird. In den ersten 3 Jahren werden es 500,00 €, in den nachfolgenden Jahren jährlich 900,00 € sein. Wie viel sollten Sie dafür zahlen, wenn Sie sich das Geld von der Bank erst zu einem Zinssatz von 8 % borgen müssen? Mit der Funktion *NBW* können Sie feststellen, dass sich bei einem Preis von 3.129,75 € Einnahmen und Ausgaben – inklusive der Zinskosten – gerade ausgleichen würden (Abbildung 3-11).

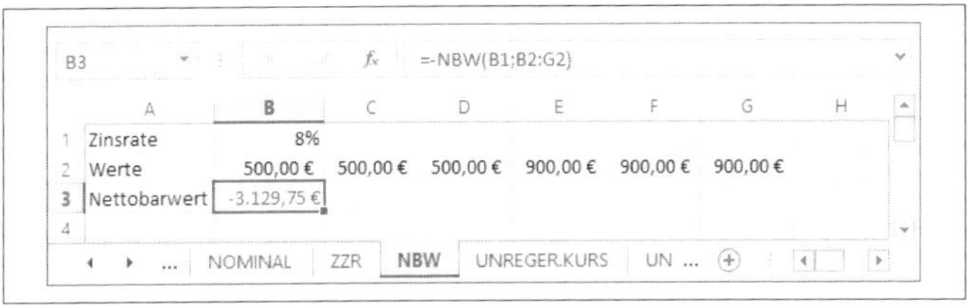


*Abbildung 3-11: Der Nettobarwert beträgt über 3.000 €.*

**Weitere Details** Weitere Details zur Funktion *NBW* finden Sie weiter unten in diesem Buch im Abschnitt über den *Internen Zinsfuß* (Seite 85).

## Laufzeitberechnungen

Nachdem wir uns ausführlich mit den beiden eben angesprochenen Grundgrößen der Finanzmathematik, *Gegenwartswert* und *Zukunftswert*, beschäftigt haben, wollen wir gleich einige Worte zu einem anderen wichtigen Parameter verlieren – der *Laufzeit*. Diese Überlegungen erfüllen die Funktionen *Gegenwartswert* und *Zukunftswert* mit etwas mehr Leben: Beispielsweise können wir berechnen, wie hoch die konstanten Raten über einen Zeitraum sein müssen, damit sie – zu einem bestimmten Satz verzinst – einem bestimmten Gegenwartswert oder einem Zukunftswert entsprechen. Außerdem wollen wir kalkulieren, welcher Zeitraum benötigt wird, um einen Barwert bei einer bestimmten Zahlungsrate auf einen bestimmten Zukunftswert anwachsen zu lassen.

*Tabelle 3-4: Funktionen zum Arbeiten mit der Laufzeit*

| | |
|---|---|
| *RMZ* | Gibt die periodische Zahlung für eine Annuität zurück. |
| *ZZR* | Gibt die Anzahl der Zahlungsperioden einer Investition zurück. |
| *PDURATION* | Gibt die Anzahl der Zahlungsperioden zurück, die eine Investition zum Erreichen eines angegebenen Werts benötigt. |

### RMZ(Zins; Zzr; Bw; [Zw]; [F])

Ein typischer Fall für die Berechnung der Laufzeit einer Geldanlage tritt ein, wenn Sie berechnen wollen, wie hoch die konstanten

Raten über einen Zeitraum sein müssen, damit sie – zu einem bestimmten Satz verzinst – einem bestimmten Gegenwartswert oder einem Zukunftswert entsprechen. Dazu dient die Funktion *RMZ* – diese Abkürzung steht für *regelmäßige Zahlung*.

*Zins* Ist der Zinssatz pro Periode. Dieser Wert kann über die Laufzeit nicht geändert werden.

*Zzr* Steht für Anzahl der Zahlungszeiträume. Das Argument gibt also an, über wie viele Perioden die jeweilige Zahlung geleistet wird.

*Bw* Steht für Barwert. Das Argument gibt den Gesamtbetrag an, den eine Reihe zukünftiger Zahlungen zum gegenwärtigen Zeitpunkt wert ist.

*Zw* Steht für zukünftiger Wert. Das ist der Wert, den eine Reihe zukünftiger Zahlungen zum Endzeitpunkt wert ist. Das Argument ist optional. Wenn Sie es benutzen, können Sie damit verlangen, dass ein zukünftiger Wert – also ein Endwert oder ein Kassenbestand – nach der letzten Zahlung erreicht sein soll. Fehlt das Argument *Zw*, wird dafür der Wert *0* angenommen, der Endwert eines Kredits ist also gleich *0*.

*F* Steht für *Fälligkeit* und gibt an, wann Zahlungen fällig sind. Mit dem Wert *0* (oder weggelassen) werden die Zahlungen am Ende einer Periode (nachschüssige Rente) geleistet, mit *1* am Anfang einer Periode (vorschüssige Rente).

Sie sollten unbedingt darauf achten, dass Sie für *Zins* und *Zzr* zueinander passende Zeiteinheiten verwenden – welche Zeiteinheit Sie verwenden, ist aber gleichgültig.

**Beispiel 1** Angenommen, Sie haben einen Kredit von 50.000 € aufgenommen. Der Kreditgeber verlangt eine Verzinsung von 7 % und eine Rückzahlung über 10 Jahre in jährlichen Raten. Die notwendige Höhe der Ratenzahlungen errechnen Sie mit *RMZ* zu 7.118,88 € (Abbildung 3-12).

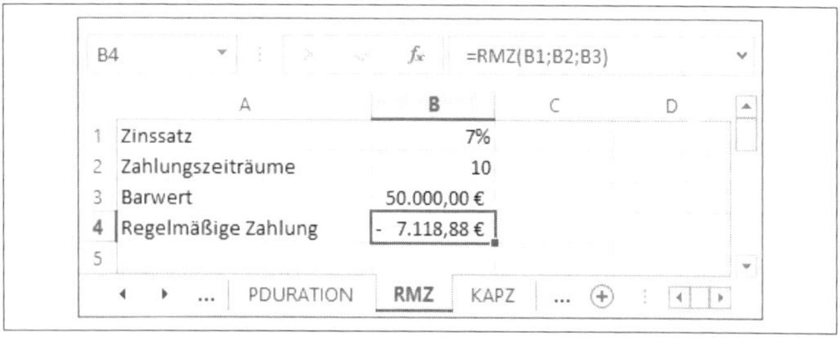


*Abbildung 3-12: Die regelmäßige Zahlung wird errechnet.*

**Beispiel 2** Auch hier sollten Sie darauf achten, dass der Fälligkeitstermin der Zahlungen einen entscheidenden Einfluss auf das Berechnungsergebnis haben kann. Wenn Sie eine Zahlung am Anfang der Periode wünschen, setzen Sie den Parameter *F* auf *1* (Abbildung 3-13).

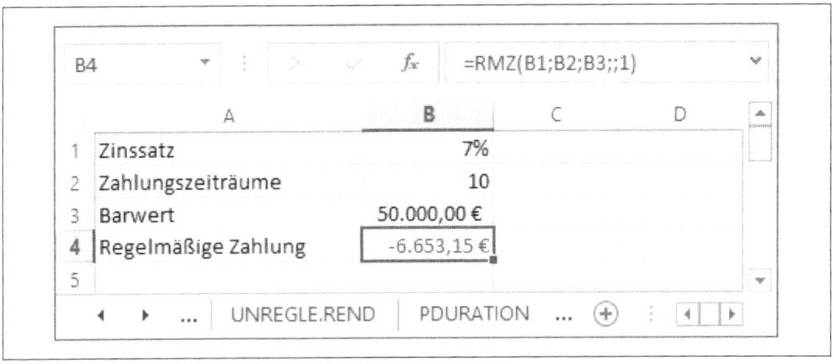


*Abbildung 3-13: Hier erfolgt die Zahlung am Anfang der Periode.*

### Ähnliche und verwandte Funktionen

- Mit der Funktion *ZZR* können Sie feststellen, welcher Zeitraum benötigt wird, um einen Barwert bei einer bestimmten Zahlungsrate auf einen bestimmten Zukunftswert anwachsen zu lassen (Seite 63).
- Die Funktion *PDURATION* sagt Ihnen, wie viele Perioden benötigt werden, bis eine Investition einen gewünschten angegebenen Wert erreicht hat (Seite 66).

## ZZR(Zins; Rmz; Bw; [Zw]; [F])

Ähnlich wie die Funktion *RMZ* arbeitet die Funktion *ZZR*. Die Abkürzung *ZZR* steht für die *Anzahl der Zahlungszeiträume*. Hiermit können Sie feststellen, welcher Zeitraum benötigt wird, um einen Barwert bei einer bestimmten Zahlungsrate auf einen bestimmten Zukunftswert anwachsen zu lassen. Die Funktion gibt die Anzahl der Zahlungsperioden einer Investition zurück, die auf periodischen, gleichbleibenden Zahlungen sowie einem konstanten Zinssatz basiert. Sie können die Funktion auch einsetzen, um die Zahl der Zahlungsperioden – beispielsweise zur Tilgung eines Darlehens – zu bestimmen, wenn diese Zahlungen zu einem gleichbleibenden Zinssatz erfolgen.

| | |
|---|---|
| *Zins* | Steht für den Zinssatz pro Periode im Zahlungszeitraum. Dieser Wert kann über die Laufzeit des Geschäfts nicht geändert werden. |
| *Rmz* | Steht für regelmäßige Zahlung, der Betrag, der in jeder Periode gezahlt wird. Auch dieser Betrag kann sich während der Laufzeit nicht ändern. Üblicherweise umfasst *Rmz* die Elemente *Tilgung* und *Zinsen*, nicht jedoch sonstige Gebühren oder Steuern. |
| *Bw* | Ist der Barwert oder der heutige Gesamtwert einer Reihe zukünftiger Zahlungen. |
| *Zw* | Ist ein optionales Argument, mit dessen Hilfe Sie einen bestimmten zukünftigen Wert oder den Kassenbestand anstreben können, den Sie nach der letzten Zahlung erreicht haben möchten. Fehlt das Argument *Zw*, wird es als 0 angenommen – beispielsweise ist der Endwert eines Kredits gleich *0*. |
| *F* | Gibt an, wann die Zahlungen fällig sind. Mit dem Wert *0* (oder weggelassen) werden die Zahlungen am Ende einer Periode (nachschüssige Rente) geleistet, mit *1* am Anfang einer Periode (vorschüssige Rente). |

**Beispiel 1** Wenn Sie wissen möchten, wie lange Sie bei Einzahlung von 1.000 € in jährlichen Raten auf ein mit 10 % verzinstes Sparkonto benötigen, um den Betrag von 5.000 € zu erreichen, formulieren Sie das über den Ausdruck *ZZR(10%;1000;5,000)*. Die Antwort lautet: 7,27 Jahre (Abbildung 3-14).

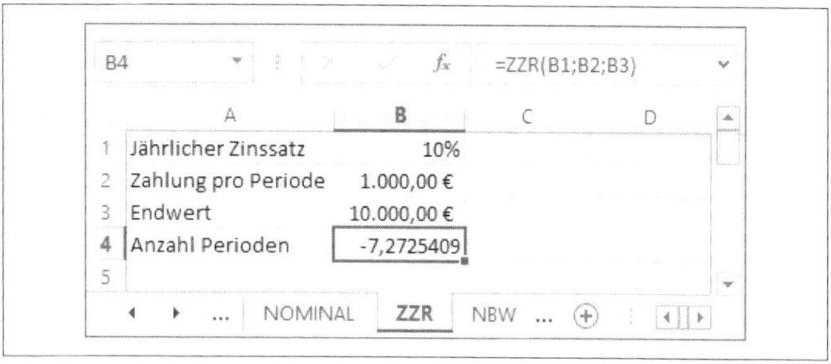


*Abbildung 3-14: Die Anzahl der Perioden – hier sind es Jahre – wird berechnet.*

**Beispiel 2** Auch hier gilt: Der Einfluss des Fälligkeitstermins ist nicht zu unterschätzen. Wenn Sie die Fälligkeit auf den Anfang der

Periode setzen wollen, verwenden Sie den Wert *1* für den optionalen Parameter *F*. Setzen Sie bei der Eingabe der Parameter am Ende der Liste zwei Semikolon-Zeichen und dann den Buchstaben *F*. Nach der Bestätigung verringert sich die Zeitspanne bis zum Erreichen des Zielbetrages auf 6,68 Jahre (Abbildung 3-15).

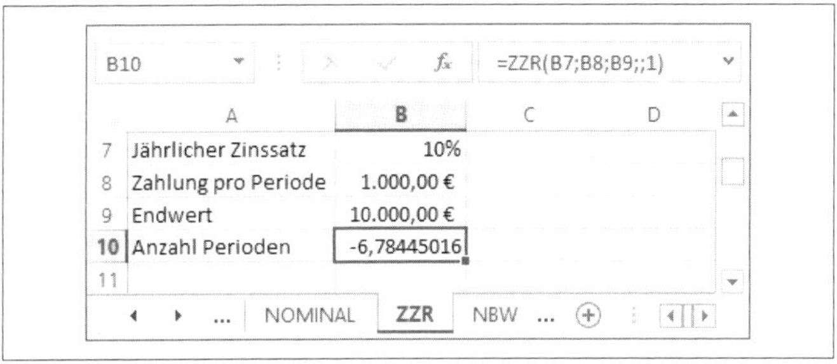


*Abbildung 3-15: Hier erfolgt die Zahlung am Ende der Periode.*

**Beispiel 3** Die Funktion *ZZR* kann noch mehr: Sie können beispielsweise den zusätzlichen optionalen Parameter *Zw* einsetzen, wenn Sie einen bestimmten zukünftigen Wert oder den Kassenbestand anstreben, den Sie nach der letzten Zahlung erreicht haben möchten (Abbildung 3-16).

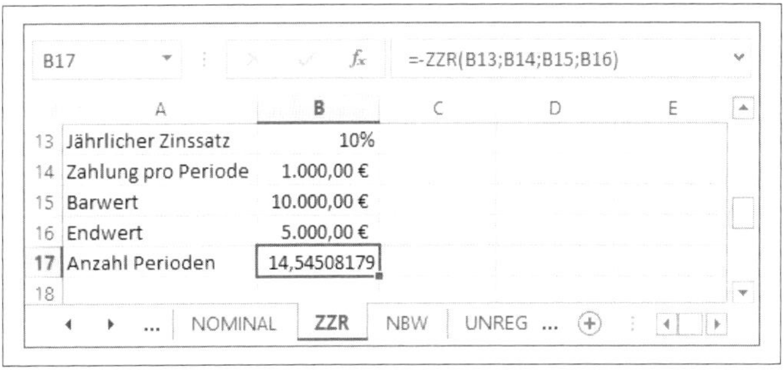


*Abbildung 3-16: Die Anzahl der Perioden bis zum Erreichen eines Endwertes.*

### Ähnliche und verwandte Funktionen

- Die Funktion *RMZ* berechnet, wie hoch die konstanten Raten über einen Zeitraum sein müssen, damit sie – zu einem bestimmten Satz verzinst – einem bestimmten Gegenwartswert oder einem Zukunftswert entsprechen (Seite 61).
- Die Funktion *PDURATION* sagt Ihnen, wie viele Perioden benötigt werden, bis eine Investition einen gewünschten angegebenen Wert erreicht hat (Seite 66).

## PDURATION(Zins; Bw; Zw)

Wenn Sie wissen möchten, wie viele Perioden benötigt werden, bis eine Investition einen gewünschten angegebenen Wert erreicht hat, können Sie die Funktion *PDURATION* verwenden. Dabei verwendet die Funktion die folgende Formel: *PDURATION=(LOG(Zw)–LOG(Bw))/(1+Zins)*.

| | |
|---|---|
| *Zins* | Ist der Zinssatz pro Zahlungsperiode. Dieser kann während der Laufzeit nicht geändert werden. |
| *Bw* | Steht für *Bw* und ist der aktuelle Wert der Investition. |
| *Zw* | Gibt den gewünschten zukünftigen Wert der Investition an. Das ist der Zielwert. |

- Bei *PDURATION* müssen alle Argumente positive Werte sein.
- Wenn Argumentwerte nicht gültig sind, gibt *PDURATION* den Fehlerwert *#ZAHL!* zurück.
- Hat ein Argument einen ungültigen Datentyp, gibt *PDURATION* den Fehlerwert *#WERT*! zurück.

**Beispiel** Sie können die Anzahl von Jahren ermitteln, die erforderlich ist, bis für eine Investition von 3.000 €, die jährlich mit 5,0 % verzinst wird, der Betrag 3.000 € erreicht ist. Sie beträgt 8,31 Jahre (Abbildung 3-17).

### Ähnliche und verwandte Funktionen

- Mit der Funktion *ZZR* können Sie feststellen, welcher Zeitraum benötigt wird, um einen Barwert bei einer bestimmten Zahlungsrate auf einen bestimmten Zukunftswert anwachsen zu lassen (Seite 63).

- Die Funktion *RMZ* berechnet, wie hoch die konstanten Raten über einen Zeitraum sein müssen, damit sie – zu einem bestimmten Satz verzinst – einem bestimmten Gegenwartswert oder einem Zukunftswert entsprechen (Seite 61).

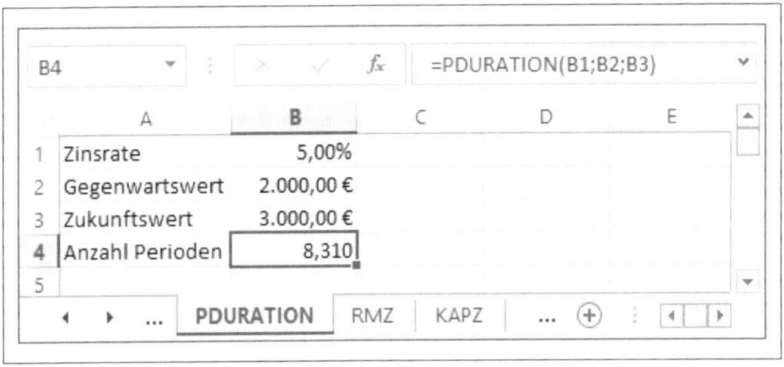


*Abbildung 3-17: Die Investition benötigt ca. 8 Jahre.*

## Zinsberechnungen

Nachdem wir die Funktionen zur Bestimmung der Laufzeit abgehandelt haben, können wir uns dem nächsten Element – den Zinsen – zuwenden. Wir meinen damit nicht die Frage nach dem normalen Zins für ein Darlehen über einen bestimmten Zeitraum – beispielsweise: »Wie viel Zinsen muss ich bezahlen, wenn ich 1.000,00 € über einen Zeitraum von einem Jahr borge?« Für derartige – triviale – Fragen bemühen Sie einfach die klassische Zinsformel (siehe Seite 43). Gemeint ist hier die Frage nach dem Zinsanteil bei regelmäßigen Zahlungen. Regelmäßige Zahlungen – wie beispielsweise Rückzahlungen für einen aufgenommenen Kredit – bestehen im Allgemeinen aus einem Tilgungsanteil und einem Zinsanteil. Einen solchen zusammengesetzten Betrag nennt man Annuität. Was das ist, haben wir am Anfang dieses Abschnitts erklärt (siehe Seite 48). So wird beispielsweise ein Autokredit oder eine Hypothek in Form einer Annuität zurückgezahlt.

Auch hier sind wiederum zwei Vorbemerkungen sinnvoll: Diese behandeln den Unterschied zwischen dem Nominal- und dem Effektivzins und zwei zusätzliche Funktionen.

## Der Unterschied zwischen Nominal- und Effektivzins

Unterscheiden Sie bei den Angaben für die Verzinsung zwischen dem Nominal- und dem Effektivwert des Zinsbetrags.

- Der Effektivwert der Zinsrate ist der Betrag, der sich aus der Anwendung der Zinsformel ergibt. Dabei wird angenommen, dass die Zinsen am Ende einer Periode zusammenfassend für diesen Zeitraum gezahlt werden. Für eine Anlagedauer von einer Periode gilt zur Berechnung des Effektivzinses die Formel *Effektivzins = Zinszahlung / Gegenwartswert.*
- Den Nominalwert für den Zinssatz erhalten Sie, wenn Sie die Summe der Zinszahlungen für eine Periode durch den Betrag teilen, für den die Zinsen gezahlt werden. Benutzen Sie zur Berechnung die Vorschrift *Nominalzins = Summe der Zinszahlungen pro Periode / Gegenwartswert.*

Der Nominalzins entspricht dann dem Effektivzins, wenn die Zinsen einmalig und am Ende einer Periode gezahlt werden.

Mithilfe von zwei Funktionen können Sie die beiden Werte für den Nominal- und den Effektivzins ineinander umrechnen:

*Tabelle 3-5: Funktionen für Effektivzins und Nominalzins*

| | |
|---|---|
| *EFFEKTIV* | Berechnet den Effektivzins aus dem Nominalzins und gibt die jährliche Effektivverzinsung zurück. |
| *NOMINAL* | Berechnet den Nominalzins aus dem Effektivzins und gibt die jährliche Nominalverzinsung zurück. |

## Zusätzliche Funktionen

Außerdem haben wir in diesem Abschnitt noch zwei weitere Funktionen zur Berechnung des Zinssatzes angesiedelt.

*Tabelle 3-6: Funktionen zum Berechnen des Zinssatzes*

| | |
|---|---|
| *ZSATZINVEST* | Gibt den effektiven Jahreszins für den Wertzuwachs einer Investition zurück. |
| *ISPMT* | Berechnet die während eines bestimmten Zeitraums für eine Investition gezahlten Zinsen. |

Eng zusammen mit den Fragen der Zinsberechnung hängen die Probleme, die sich mit den Begriffen *interner Zinsfuß* und *Kapitalwert* zusammenfassen lassen. Darauf gehen wir im folgenden Abschnitt noch ein.

## ZINS(Zzr; Rmz; Bw; [Zw]; [F]; [Schätzwert])

Um den Zinssatz einer Annuität pro Periode zu berechnen, benutzen Sie die Funktion *ZINS*. Für diese Aufgabe benutzt Excel ein Iterationsverfahren. Es ist darum möglich, dass es keine oder auch mehrere Lösungen für das Problem gibt. Wenn *ZINS* nicht konvergiert, sollten Sie einen anderen Wert für *Schätzwert* angeben. Normalerweise konvergiert *ZINS*, wenn *Schätzwert* zwischen 0 und 1 liegt (siehe auch Seite 47).

| | |
|---|---|
| *Zzr* | Steht für Anzahl der Zahlungszeiträume. Dieser Parameter gibt an, über wie viele Perioden die Zahlung erfolgt. |
| *Rmz* | Steht für regelmäßige Zahlung. Das ist der Betrag, der in jeder Periode gezahlt wird. Dieser Betrag bleibt während der Laufzeit konstant. Üblicherweise umfasst *Rmz* das Kapital und die Zinsen, nicht jedoch sonstige Gebühren oder Steuern. Wenn *Rmz* nicht verwendet wird, müssen Sie das Argument *Zw* angeben. |
| *Bw* | Ist der *Barwert* oder Gegenwartswert, also der Gesamtbetrag, den eine Reihe zukünftiger Zahlungen zum gegenwärtigen Zeitpunkt wert ist. |
| *Zw* | Steht für *zukünftiger Wert*. Dieses Argument ermöglicht die Angabe eines zusätzlichen Zukunftswerts für die Investition. Benutzen Sie das Argument nur, wenn Sie einen – von 0 verschiedenen – zukünftigen Wert oder den Kassenbestand anstreben. Fehlt das Argument, wird es als *0* angenommen. |
| *F* | Steht für *Fälligkeit* und gibt an, wann die Zahlungen fällig sind. Mit dem Wert *0* (oder weggelassen) werden die Zahlungen am Ende einer Periode (nachschüssige Rente) geleistet, mit *1* am Anfang einer Periode (vorschüssige Rente). |
| *Schätzwert* | Ist eine Schätzung über die Höhe des Zinssatzes, von der Sie annehmen, dass sie dem Ergebnis der Funktion nahekommt. Wenn Sie das Argument weglassen, wird der Wert mit 10 % veranschlagt. |

Sie sollten unbedingt darauf achten, dass Sie für die Funktion *ZINS* und das Argument *Zzr* zueinander passende Zeiteinheiten verwenden – welche dies sind, spielt keine Rolle, aber sie müssen identisch sein.

**Beispiel 1** Angenommen, Sie investieren über eine Laufzeit von 5 Jahren monatlich 200,00 €. Am Ende dieser Zeit verfügen Sie über 10.000,00 €. Die jährliche Verzinsung beträgt dann 7,42 % (Abbildung 3-18).

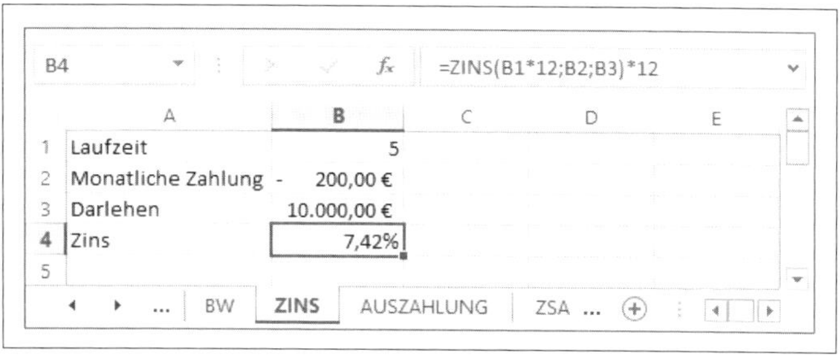


*Abbildung 3-18: Die Berechnung des Zinssatzes.*

**Beispiel 2** Beachten Sie auch wieder den Einfluss des Parameters *F*. Wenn die Zahlung am Anfang der Periode erfolgt, steigt der Zinssatz (Abbildung 3-19).

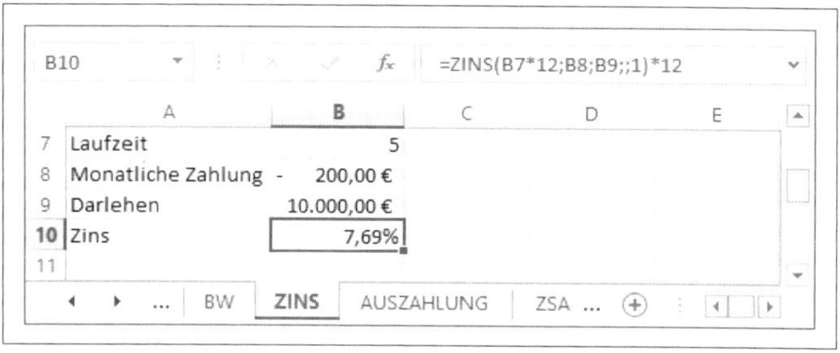


*Abbildung 3-19: Mit ZINS ermitteln Sie auf iterativem Weg den Zinssatz.*

**Beispiel 3** Wenn Sie an der Wirkung des für den Schätzwert eingegebenen Zahlenwerts interessiert sind, versuchen Sie es einmal mit einem größeren Wert (). Meist taucht eine Fehlermeldung aus, wenn *Schätzwert* den Wert 1 übersteigt.

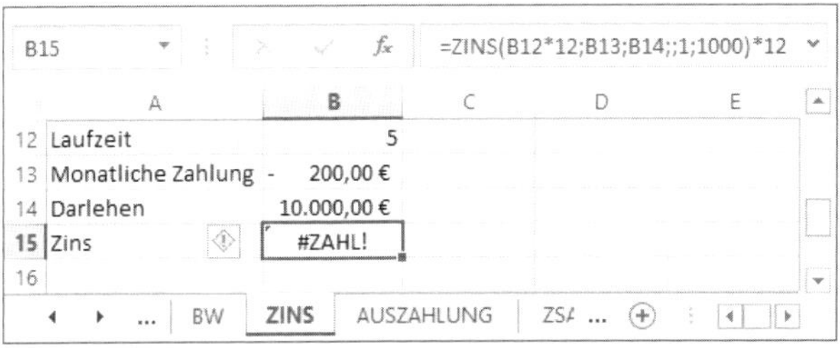


*Abbildung 3-20: Für den Schätzwert wurde 1000 eingegeben. Die Funktion konvergiert nicht mehr.*

### Ähnliche und verwandte Funktionen

- Wenn Sie allein daran interessiert sind, wie hoch der Anteil der Tilgung an den fälligen Rückzahlungen ist, verwenden Sie die Funktion *KAPZ* (Seite 71).
- Ähnlich wie die Funktion *KAPZ*, bloß umgekehrt, arbeitet die Funktion *ZINSZ*. Diese Funktion liefert – ausgehend von regelmäßigen, konstanten Zahlungen und einem konstanten Zinssatz – den Betrag, der in der angegebenen Periode an Zinsen gezahlt wird (Seite 74).

## KAPZ(Zins; Zr; Zzr; Bw; [Zw]; [F])

Wenn Sie allein daran interessiert sind, wie hoch der Anteil der Tilgung an den fälligen Rückzahlungen ist, verwenden Sie die Funktion *KAPZ*. *KAPZ* steht für *Kapitalrückzahlung*. Diese Funktion extrahiert aus den Zahlungen den Anteil der Kapitalrückzahlungen. Wenn Sie den Verlauf grafisch darstellen, werden Sie feststellen, dass dieser Anteil mit der Zeit steigt (Abbildung 3-21).

*Zins* Ist der *Zinssatz* pro Periode.

*Zr* Steht für *Zahlungszeitraum* und gibt die Periode an, für die die Berechnung durchgeführt werden soll. *Zr* muss natürlich in dem Bereich von 1 bis *Zzr* liegen.

*Zzr* Steht für *Anzahl* der Zahlungszeiträume und gibt an, über wie viele Perioden die jeweilige Zahlung geleistet wird.

*Bw* Ist der *Barwert*, also der Betrag, den eine Reihe zukünftiger Zahlungen zum gegenwärtigen Zeitpunkt wert ist.

*Zw* Ist optional und steht für *Zukunftswert*. Mit diesem Argument haben Sie die Möglichkeit, einen zusätzlichen Zukunftswert in die Berechnung mit einzubeziehen. Fehlt das Argument, wird es als 0 angenommen.

*F* Steht für *Fälligkeit* und gibt an, wann die Zahlungen fällig sind. Mit dem Wert *0* (oder weggelassen) werden die Zahlungen am Ende einer Periode (nachschüssige Rente) geleistet, mit *1* am Anfang einer Periode (vorschüssige Rente).

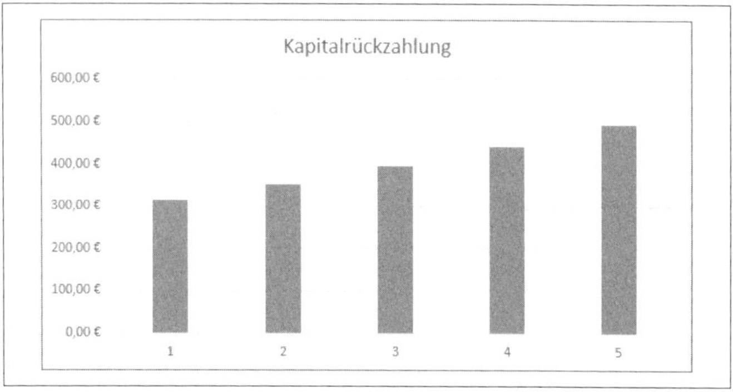


*Abbildung 3-21: Der Anteil der Kapitalrückzahlungen steigt mit der Zeit.*

Stellen Sie auch hier sicher, dass Sie für *Zins* und *Zzr* zueinander passende Zeiteinheiten verwenden – es spielt keine Rolle, welche.

**Beispiel 1** Sie nehmen für 5 Jahre einen Kredit über 2.000 € zu einem Zinssatz von 12 % auf. Sie müssen mit Raten von 394,91 € rechnen (Abbildung 3-22). Das betrifft nur die Raten, nicht die Zinsen.

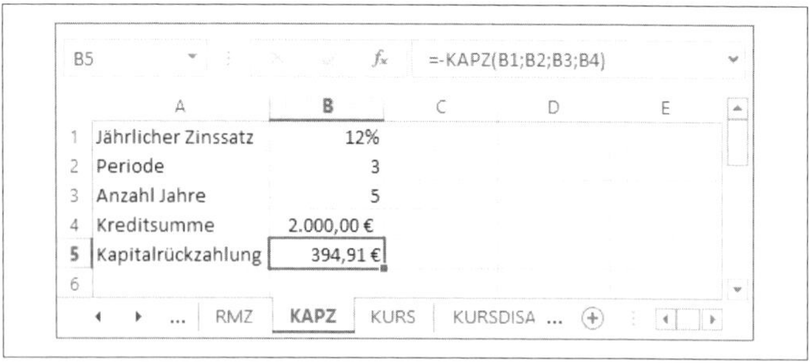


*Abbildung 3-22: Die Raten betragen 394,91 €.*

**Beispiel 2** Sie können den optionalen Parameter *Zw* benutzen, wenn Sie einen Zukunftswert wünschen, oder einen Betrag, der am Ende der letzten Zahlung vorhanden sein soll (Abbildung 3-23).

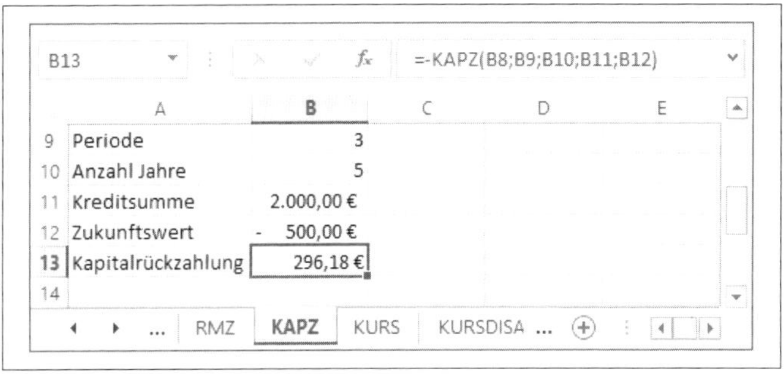


*Abbildung 3-23: Ein Zukunftswert wurde vereinbart.*

**Beispiel 3** Als optionalen Wert können Sie natürlich außerdem die *Fälligkeit* ändern, zu der gezahlt werden soll (Abbildung 3-24).

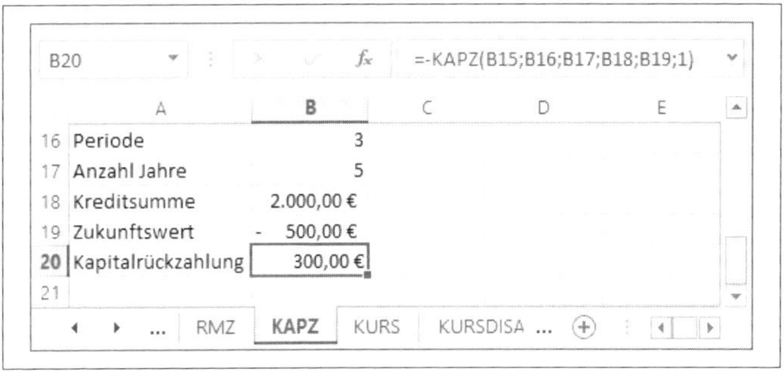


*Abbildung 3-24: Die Fälligkeit wurde geändert.*

### Ähnliche und verwandte Funktionen

- Um den Zinssatz einer Annuität pro Periode zu berechnen, benutzen Sie die Funktion *ZINS* (Seite 69).
- Ähnlich wie die Funktion *KAPZ*, bloß umgekehrt, arbeitet die Funktion *ZINSZ*. Diese Funktion liefert – ausgehend von regel-

mäßigen, konstanten Zahlungen und einem konstanten Zinssatz – den Betrag, der in der angegebenen Periode an Zinsen gezahlt wird (Seite 74).

## ZINSZ(Zins; Zr; Zzr; Bw; [Zw]; [F])

Ähnlich wie die Funktion *KAPZ*, bloß umgekehrt, arbeitet die Funktion *ZINSZ*. Diese Funktion liefert – ausgehend von regelmäßigen, konstanten Zahlungen und einem konstanten Zinssatz – den Betrag, der in der angegebenen Periode an Zinsen gezahlt wird. Sie werden feststellen, dass dieser Anteil mit der Zeit sinkt (Abbildung 3-25).

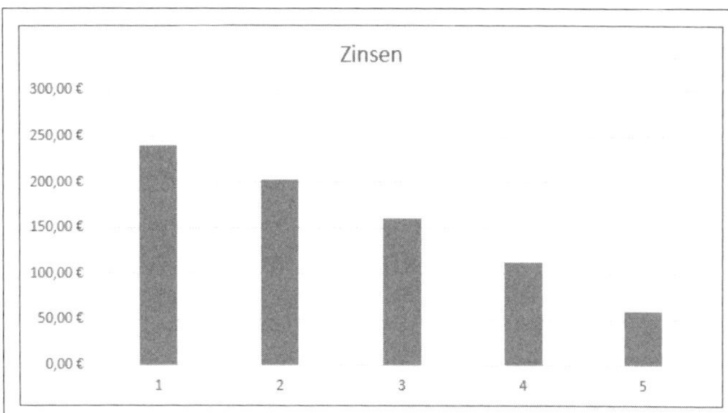


*Abbildung 3-25: Der Anteil der Zinsen sinkt mit der Zeit.*

| | |
|---|---|
| *Zins* | Ist der Zinssatz pro Periode. |
| *Zr* | Steht für Zahlungszeitraum und beschreibt die Periode, für die Sie den Zinsbetrag berechnen möchten. *Zr* kann nur Werte im Bereich von 1 bis *Zzr* annehmen. |
| *Zzr* | Steht für Anzahl der Zahlungszeiträume und gibt an, über wie viele Perioden die jeweilige Zahlung fällig wird. |
| *Bw* | Ist der Barwert oder der heutige Gesamtwert einer Reihe zukünftiger Zahlungen. |
| *Zw* | Ist der Zukunftswert oder der Kassenbestand, der nach der letzten Zahlung erreicht werden soll. Fehlt das Argument, wird es als *0* angenommen. |
| *F* | Steht für Fälligkeit und gibt an, wann Zahlungen fällig sind. Mit dem Wert *0* (oder weggelassen) werden die Zahlungen am Ende einer Periode (nachschüssige Rente) geleistet, mit *1* am Anfang einer Periode (vorschüssige Rente). |

Sie sollten unbedingt darauf achten, dass Sie für *Zins* und *Zzr* zueinander passende Zeiteinheiten verwenden, ansonsten erhalten Sie merkwürdige Ergebnisse.

**Beispiel 1** Sie nehmen für 5 Jahre einen Kredit über 2.000 € zu einem Zinssatz von 12 % auf. Sie müssen mit Zinsen von 159,91 € rechnen (Abbildung 3-26).

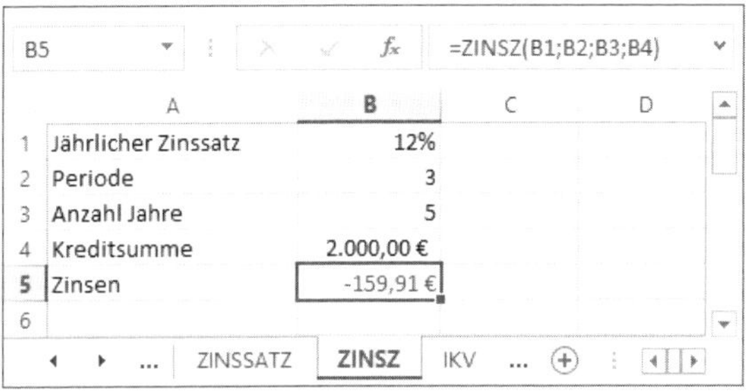


*Abbildung 3-26: Die in der dritten Periode zu zahlenden Zinsen.*

**Beispiel 2** Wie bei der Funktion *KAPZ* können Sie einen Zukunftswert festlegen, der nach Ablauf des Geschäfts verbleiben soll (Abbildung 3-27).

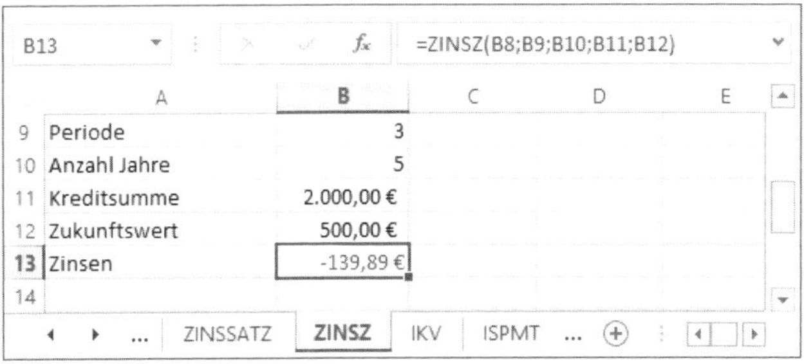


*Abbildung 3-27: Ein Zukunftswert wurde vereinbart.*

Als optionalen Wert können Sie natürlich außerdem die *Fälligkeit* ändern, zu der gezahlt werden soll.

### Ähnliche und verwandte Funktionen

- Um den Zinssatz einer Annuität pro Periode zu berechnen, benutzen Sie die Funktion *ZINS* (Seite 69).
- Wenn Sie allein daran interessiert sind, wie hoch der Anteil der Tilgung an den fälligen Rückzahlungen ist, verwenden Sie die Funktion *KAPZ* (Seite 71).

## Kapitalrückzahlung und Zinsen

Es ist vielleicht überflüssig zu erwähnen, dass die Summe von Kapitalrückzahlung und Zinsen einen konstanten Wert bilden, dessen Höhe den Raten entspricht (Abbildung 3-28).

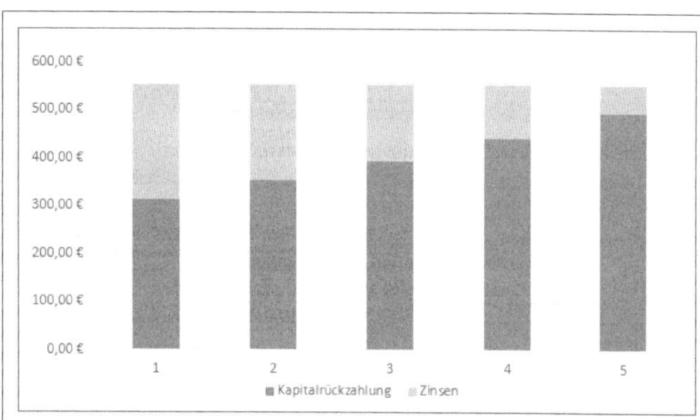


*Abbildung 3-28: Die Summe von Kapitalrückzahlung und Zinsen ist konstant.*

## KUMKAPITAL(Zins; Zzr; Bw; Zeitraum_Anfang; Zeitraum_Ende; [F])

Interessant ist auch die Funktion *KUMKAPITAL*. Sie berechnet den Gesamtbetrag der zwischen zwei Zeitpunkten für ein Darlehen gezahlten Tilgungsanteile. Als Zeitpunkte müssen Sie die Nummer der Periode angeben. Die Zahlungsperioden sind, beginnend mit 1, durchnummeriert.

| | |
|---|---|
| *Zins* | Ist der *Zinssatz* pro Periode. Er ist konstant. |
| *Zzr* | Ist die Gesamtzahl der *Zahlungsperioden*. |
| *Bw* | Ist der Barwert oder der Gegenwartswert. |
| *Zeitraum_Anfang* | Ist die erste in die Berechnung einfließende *Periode*. Wenn Sie beispielsweise mit der ersten Periode beginnen wollen, geben Sie den Wert *1* ein. |
| *Zeitraum_Ende* | Ist die letzte in die Berechnung einfließende *Periode*. Soll der zu berücksichtigende Bereich mit der 5. Periode enden, geben Sie *5* ein. |
| *F* | Steht für *Fälligkeit* und gibt an, zu welchem Zeitpunkt einer Periode jeweils eine Zahlung fällig ist. Mit dem Wert *0* (oder weggelassen) werden die Zahlungen am Ende einer Periode geleistet, mit *1* am Anfang einer Periode. |

Natürlich müssen Sie darauf achten, dass *Zeitraum_Anfang* vor *Zeitraum_Ende* liegt – also *Zeitraum_Anfang* > *Zeitraum_Ende*. Anderenfalls kann die Funktion nicht arbeiten.

**Beispiel** Sie haben einen Kredit von 15.000,00 € aufgenommen. Die Zinsrate beträgt 7,9 %, der Kredit soll über 5 Jahre laufen. Wenn Sie wissen wollen, wie viel Sie im zweiten und im dritten Jahr zusammen an Tilgung bezahlen müssen, nutzen Sie die Funktion *KUMKAPITAL* (Abbildung 3-29).

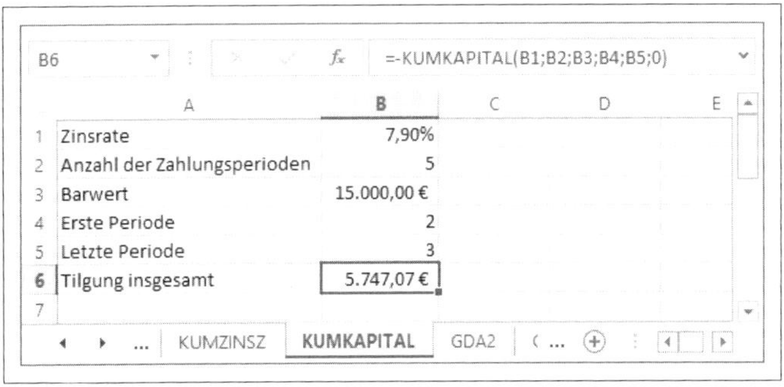


*Abbildung 3-29: Hier wird die Tilgung berechnet.*

### Ähnliche und verwandte Funktionen

- Die Funktion *KUMKAPITAL* berechnet den Gesamtbetrag der zwischen zwei Zeitpunkten für ein Darlehen gezahlten Tilgungsanteile.
- *KUMZINSZ* berechnet den Gesamtbetrag der zwischen zwei Zeitpunkten zu zahlenden Zinsen (Seite 78).

## KUMZINSZ(Zins; Zzr; Bw; Zeitraum_Anfang; Zeitraum_Ende; [F])

Wiederum ähnlich wie *KUMKAPITAL* funktioniert die Funktion *KUMZINSZ*. Diese Funktion berechnet den Gesamtbetrag der zwischen zwei Zeitpunkten zu zahlenden Zinsen. Als Zeitpunkte müssen Sie die Nummern der jeweiligen Perioden angeben. Die Zahlungsperioden sind beginnend mit 1 durchnummeriert.

| | |
|---|---|
| *Zins* | Ist der Zinssatz pro Periode. Er ist bei dieser Funktion konstant. |
| *Zzr* | Beschreibt die Gesamtzahl der Zahlungsperioden. |
| *Bw* | Ist der Barwert oder der Gegenwartswert. |
| *Zeitraum_Anfang* | Ist die erste in die Berechnung einfließende Periode. Wenn Sie beispielsweise mit der ersten Periode beginnen wollen, geben Sie den Wert *1* ein. |
| *Zeitraum_Ende* | Ist die letzte in die Berechnung einfließende Periode. Soll der zu berücksichtigende Bereich mit der 5. Periode enden, geben Sie *5* ein. |
| *F* | Steht für *Fälligkeit* und gibt an, zu welchem Zeitpunkt einer Periode jeweils eine Zahlung fällig ist. Mit dem Wert *0* (oder weggelassen) werden die Zahlungen am Ende einer Periode (nachschüssige Rente) geleistet, mit *1* am Anfang einer Periode (vorschüssige Rente). |

Natürlich müssen Sie wieder darauf achten, dass *Zeitraum_Anfang* vor *Zeitraum_Ende* liegt – also *Zeitraum_Anfang* > *Zeitraum_Ende*.

**Beispiel.** Sie haben einen Kredit von 15.000,00 € aufgenommen. Die Zinsrate beträgt 7,9 %, der Kredit soll über 5 Jahre laufen. Wenn Sie wissen wollen, wie viel Sie im zweiten und im dritten Jahr zusammen an Zinsen bezahlen müssen, verwenden Sie die Funktion *KUMZINSZ* (Abbildung 3-30).

**Ähnliche und verwandte Funktionen** Die Funktion *KUMKAPITAL* berechnet den Gesamtbetrag der zwischen zwei Zeitpunkten für ein Darlehen gezahlten Tilgungsanteile (Seite 76).

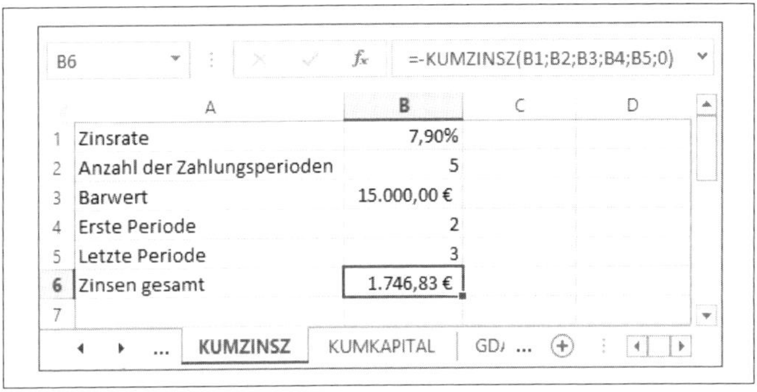


*Abbildung 3-30: Die Summe der Zinsen wird berechnet.*

## EFFEKTIV(Nominalzins; Perioden)

Der effektive Jahreszinssatz beschreibt die jährlichen und auf die nominale Kredithöhe bezogenen Kosten von Krediten. Die Funktion *EFFEKTIV* berechnet aus den Werten für die Nominalverzinsung und der Anzahl der Zinszahlungen pro Periode die Effektivverzinsung für die Periode. Dabei benutzt Excel die Berechnungsvorschrift *Effektiver_Zins=(1+(Nominalzins/Perioden))*Perioden-1*.

| | |
|---|---|
| *Nominalzins* | Ist die Nominalverzinsung. |
| *Perioden* | Ist die Anzahl der Zinszahlungen pro Jahr. |

- *Perioden* wird durch Abschneiden der Nachkommastellen zu einer ganzen Zahl gekürzt.
- Ist ein Argument kein numerischer Ausdruck, liefert *EFFEKTIV* den Fehlerwert *#WERT!*.
- Ist *Nominalzins* ≤ 0 oder *Perioden* < 1, wird der Fehlerwert *#ZAHL!* erzeugt.

**Beispiel** Der Nominalzins beträgt beispielsweise 5 %. Die Zinswerte können ineinander umgerechnet werden (Abbildung 3-31).

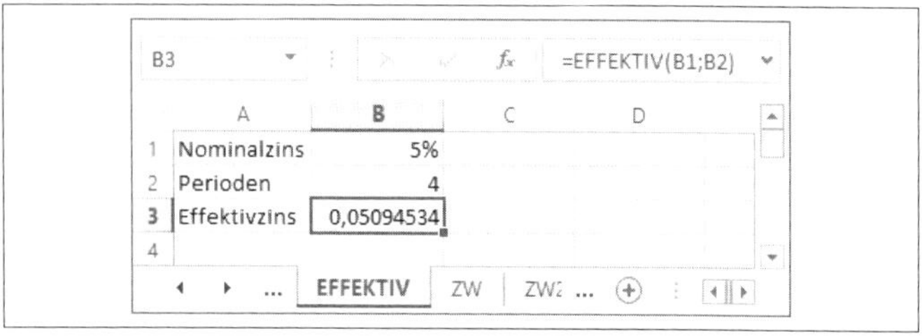


*Abbildung 3-31: Der Effektivzins wird aus dem Nominalzins errechnet.*

**Ähnliche und verwandte Funktionen** Die Funktion *NOMINAL* liefert die Nominalverzinsung für die Periode auf der Basis der Werte für den effektiven Zinssatz und der Anzahl der Zinszahlungen pro Periode (Seite 80).

**Weitere Details** Weitere Details zu den Funktionen *EFFEKTIV* und *NOMINAL* finden Sie in der Onlinehilfe. Für den schnellen Zugriff wählen Sie zuerst das Register *Formeln* im Menüband und dann den Befehl *Funktion einfügen* in der Gruppe *Funktionsbibiliothek*. Markieren Sie dann *EFFEKTIV* oder *NOMINAL* und klicken Sie auf *Hilfe für diese Funktion* (siehe auch Seite 10).

## NOMINAL(Effektiver_Zins; Perioden)

Der *Nominalzins* ist das, was man normalerweise unter Zins versteht. Der Zins ist das Entgelt, das der Schuldner dem Gläubiger für vorübergehend überlassenes Kapital zahlt. Die Funktion *NOMINAL* liefert die Nominalverzinsung für die Periode auf der Basis der Werte für den effektiven Zinssatz und der Anzahl der Zinszahlungen pro Periode. Excel benutzt dafür die Vorschrift *Effektiver_Zins=(1+(Nominalzins/Perioden))*Perioden-1*. Die Funktion kehrt die Wirkung von *EFFEKTIV* also um.

| | |
|---|---|
| *Effektiver_Zins* | Ist der effektive Zinssatz. |
| *Perioden* | Ist die Anzahl der pro Jahr zu berücksichtigenden Perioden. |

- *Perioden* wird zu einer ganzen Zahl gekürzt, indem die Nachkommastellen abgeschnitten werden.
- Ist eines der Argumente kein numerischer Ausdruck, gibt *NOMINAL* den Fehlerwert *#WERT!* zurück.
- Ist *Effektiver_Zins* ≤ 0 oder ist *Perioden* < 1, gibt *NOMINAL* den Fehlerwert *#ZAHL!* zurück.

**Beispiel** Der Effektivzins beträgt 5,3 %. Die Zinswerte können ineinander umgerechnet werden (Abbildung 3-32).

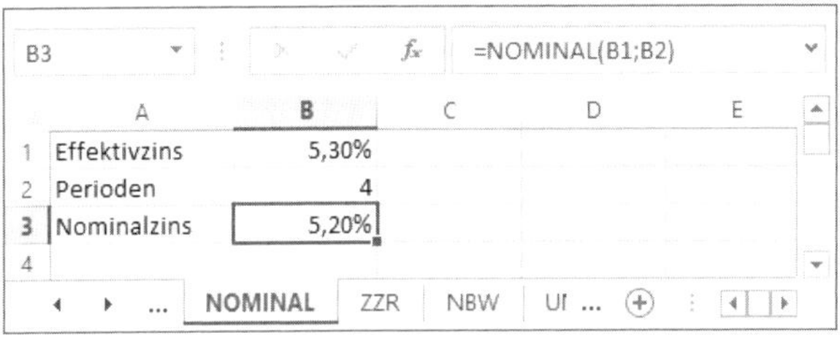


*Abbildung 3-32: Der Nominalzins wird hier aus dem Effektivzins berechnet.*

**Ähnliche und verwandte Funktionen** Die Funktion *EFFEKTIV* berechnet aus den Werten für die Nominalverzinsung und der Anzahl der Zinszahlungen pro Periode die Effektivverzinsung für die Periode (Seite 79).

## ZSATZINVEST(Zzr; Bw; Zw)

Die Funktion *ZSATZINVEST* ist neu seit der Version 2013. Diese Funktion gibt den effektiven Jahreszins für den Wertzuwachs einer Investition zurück. Dabei wird angenommen, dass nach der ersten Zahlung keine Zuzahlungen oder Entnahmen erfolgen. Alle drei Argumente sind erforderlich.

| | |
|---|---|
| *Zzr* | Ist die Anzahl der Perioden für die Investition. |
| *Bw* | Beschreibt den aktuellen Wert der Investition. |
| *Zw* | Ist der angestrebte zukünftige Wert der Investition. |

- Wenn Argumentwerte nicht gültig sind, gibt *ZSATZINVEST* den Fehlerwert *#ZAHL!* zurück.
- Werden als Argumente keine gültigen Datentypen verwendet, gibt *ZSATZINVEST* den Fehlerwert *#WERT!* zurück.

**Beispiel** Beispielsweise wird mit der Funktion *ZSATZINVEST* der kontinuierliche Zinssatz für den Wertzuwachs einer Investition von 10.000 € zurückgegeben, die einen zukünftigen Endwert von 11.000 € nach 8 Jahren hat (Abbildung 3-33).

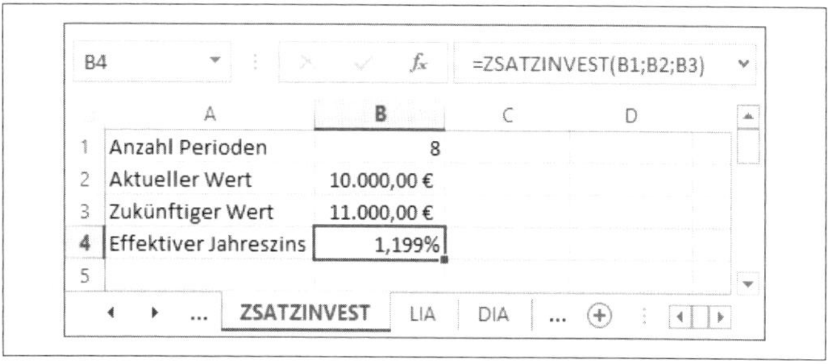


*Abbildung 3-33: Der effektive Jahreszins wird berechnet.*

## ISPMT(Zins; Zr; Zzr; Bw)

Die Funktion *ISPMT* wird bei Excel aus Kompatibilitätsgründen mit Lotus 1-2-3 zur Verfügung gestellt. Diese Funktion berechnet die während eines bestimmten Zeitraums für eine Investition gezahlten Zinsen.

| | |
|---|---|
| *Zins* | Ist die Effektivverzinsung für die Investition. |
| *Zr* | Ist der Zeitraum, für den Sie die Zinsen berechnen möchten. Der Wert muss zwischen 1 und *Zzr* liegen. |
| *Zzr* | Beschreibt die Gesamtanzahl der Zahlungszeiträume für die Investition. |
| *Bw* | Ist der gegenwärtige Wert der Investition. Bei einem Kredit ist *Bw* die Kreditsumme. |

- *Zins* und *Zzr* müssen zueinander passende Zeiteinheiten verwenden.

- Denken Sie daran: Für alle Argumente werden die Beträge, die Sie zahlen, beispielsweise Einlagen für Sparguthaben oder andere Abhebungen, durch negative Zahlen dargestellt. Beträge, die Sie erhalten, beispielsweise Dividendenzahlungen und andere Einlagen, werden durch positive Zahlen dargestellt.

**Beispiel** Die Anwendung ist trivial: Sie können beispielsweise die Zinsen für eine Kreditsumme von 800.000 €, eine Periode von 1, für eine Investition von 5 Jahren bei einer Verzinsung von 12 % berechnen (Abbildung 3-34).

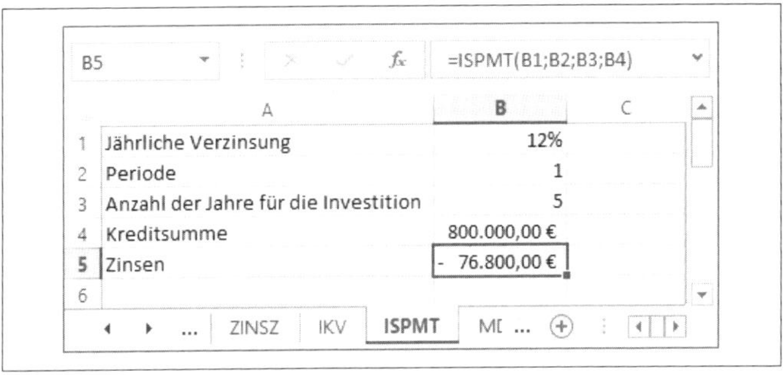


*Abbildung 3-34: Die gezahlten Zinsen belaufen sich auf über 76.800 €.*

# Variable Zahlungsraten

Berechnungen im Bereich der Finanzmathematik werden etwas komplizierter, wenn mehrere Zahlungen nicht nur in unregelmäßiger Höhe, sondern auch zu unregelmäßigen Zeitpunkten eintreffen. Sie können in einer solchen Situation wiederum zwei Kriterien zur Beurteilung ermitteln: Sie können den Nettobarwert dieser Zahlungen für einen bestimmten Zinssatz berechnen und den internen Zinsfuß aus den Zahlungen bestimmen.

## Der Kapitalwert

Unter dem Kapitalwert einer Investition versteht man die Summe der Barwerte aller durch diese Investition verursachten Zahlungen –

also der Summe der Ein- und Auszahlungen. Zum besseren Verständnis können Sie auch sagen: Der Kapitalwert ist der errechnete Geldbetrag, der eingesetzt werden müsste, um unter Berücksichtigung der Verzinsung und der Ein- und Auszahlungen am Ende der Betrachtung zu einem Saldo von 0 zu gelangen.

Excel stellt für die Arbeit mit dem Kapitalwert zwei Funktionen zur Verfügung:

*Tabelle 3-7: Funktionen für den Kapitalwert*

| | |
|---|---|
| *XKAPITALWERT* | Gibt den Nettobarwert – den Kapitalwert – einer Reihe nicht periodisch anfallender Zahlungen zurück. |
| *NBW* | Gibt den Nettobarwert einer Investition auf Basis periodisch anfallender Zahlungen und eines Abzinsungsfaktors zurück. |

## XKAPITALWERT(Zins; Werte; Zeitpkte)

Die Funktion *XKAPITALWERT* liefert den Nettobarwert einer Reihe nicht periodisch anfallender Zahlungen. Beispielsweise können Sie bestimmen, dass nach einem ersten Zahlungstermin für zwei Monate nicht gezahlt wird. Die sonst regelmäßige Zahlungsreihe wird also unterbrochen. Dann soll die Zahlung aber wieder in regelmäßigen Abständen aufgenommen werden. Mit der Funktion *XKAPITALWERT* können Sie den Barwert der Zahlungsreihe berechnen. Mit dieser Funktion lassen sich auch Investitionen und Cashflows überprüfen, die sonst sehr undurchschaubar bleiben.

Beachten Sie aber die folgende Randbedingung: Der erste Zahlungstermin legt den Beginn des Zahlungsplans fest. Alle folgenden Termine müssen später liegen als dieser Termin. Der erste Zahlungswert ist optional und beschreibt eine Zahlung, die zu Beginn der Investition getätigt wird. Alle folgenden Zahlungen werden auf Basis eines 365-Tage-Jahrs abgezinst.

| | |
|---|---|
| *Zins* | Ist die Zinsrate, die für die Zahlungen zu berücksichtigen ist. |
| *Werte* | Ist eine Zahlungsreihe. |
| *Zeitpkte* | Ist die Reihe der Zahlungstermine, also der Termine, zu denen die in *Werte* angegebenen Zahlungen fällig sind. |

Diese Funktionen benötigen mehrere Datumswerte. Wie immer sollten Datumsangaben mithilfe der Funktion *DATUM* oder als Ergebnisse anderer Formeln oder Funktionen eingegeben werden (siehe Seite 47).

**Beispiel** In der folgenden Tabelle finden Sie eine Reihe von Zahlungen und Rückzahlungen (in den Zellen *B2:F2*) zu bestimmten Zeitpunkten (in den Zellen *B3:F3)*. Der Nettobarwert dieser Zahlungsreihe wird berechnet mit € 2.161,61 (Abbildung 3-35).

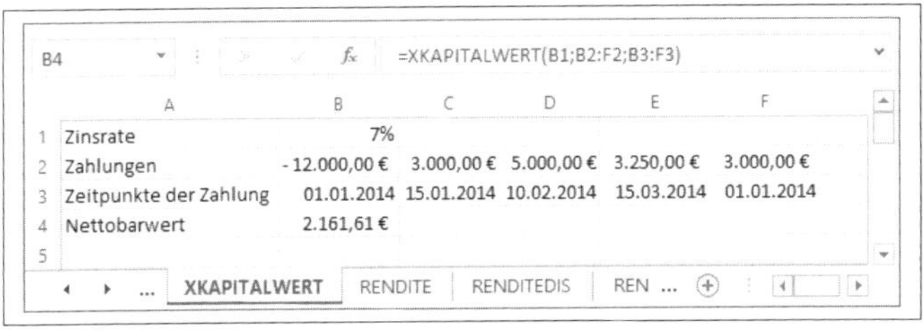
B4 =XKAPITALWERT(B1;B2:F2;B3:F3)

| | A | B | C | D | E | F |
|---|---|---|---|---|---|---|
| 1 | Zinsrate | 7% | | | | |
| 2 | Zahlungen | - 12.000,00 € | 3.000,00 € | 5.000,00 € | 3.250,00 € | 3.000,00 € |
| 3 | Zeitpunkte der Zahlung | 01.01.2014 | 15.01.2014 | 10.02.2014 | 15.03.2014 | 01.01.2014 |
| 4 | Nettobarwert | 2.161,61 € | | | | |
| 5 | | | | | | |

XKAPITALWERT RENDITE RENDITEDIS REN ...

*Abbildung 3-35: Der Nettobarwert wird berechnet.*

**Weitere Details** Weitere interessante Details zur Funktion *XKAPITALWERT* finden Sie in der Onlinehilfe des Programms Excel 2013. Für den schnellen Zugriff wählen Sie zuerst das Register *Formeln* im Menüband und dann den Befehl *Funktion einfügen* in der Gruppe *Funktionsbibliothek*. Markieren Sie dann die Funktion *XKAPITALWERT* und klicken Sie auf *Hilfe für diese Funktion* (siehe auch Seite 10).

**Ähnliche und verwandte Funktionen** Wenn die Raten mit gleichen zeitlichen Abständen, aber in unterschiedlicher Höhe eintreffen und zu einem gleichbleibenden Satz verzinst werden, verwenden Sie (Seite 85).

## NBW(Zins, Wert1, [Wert2], ...)

Sehr häufig werden Sie den Fall vorfinden, in dem die Raten mit gleichen zeitlichen Abständen, aber in unterschiedlicher Höhe eintreffen und zu einem gleichbleibenden Satz verzinst werden. Zur Analyse einer solchen Situation verwenden Sie die Funktion *NBW*.

*NBW* steht für *Nettobarwert*. Mit dieser Funktion berechnen Sie den Gegenwartswert einer Zahlungsreihe, deren Raten mit gleichen zeitlichen Abständen, aber in unterschiedlicher Höhe eintreffen und zu einem gleichbleibenden Satz verzinst werden.

| | |
|---|---|
| *Zins* | Ist der Zinssatz, zu dem die Zahlungen. |
| *Wert1; Wert2;...* | Sind 1 bis 29 Argumente, die die Auszahlungen und Einzahlungen angeben. |

- Beachten Sie, dass die Berechnung des Nettobarwerts für die Periode vor dem Datum erfolgt, an dem die Zahlung *Wert1* erfolgt.
- Achten Sie auch auf die richtige Reihenfolge von Auszahlungen und Einzahlungen: sie werden in der eingegebenen Reihenfolge abgearbeitet.
- Es wird außerdem angenommen, dass die Zahlungen am Ende einer Periode erfolgen. Wenn Sie eine erste Zahlung am Anfang der ersten Periode wünschen – das ist gleichbedeutend mit einer Zahlung am Ende der nullten Periode –, müssen Sie sich eines kleinen Trick bedienen: geben Sie diesen Wert nicht in der Liste der Argumente ein, sondern addieren Sie ihn zu dem von *NBW* gelieferten Ergebnis.

**Beispiel 1** Angenommen, Ihnen wird ein Geschäft zum Kauf angeboten, das Ihnen über die nächsten sechs Jahre Geld bringen wird. In den ersten 3 Jahren werden es 500,00 €, in den nachfolgenden Jahren jährlich 900,00 € sein. Wie viel sollten Sie dafür zahlen, wenn Sie sich das Geld von der Bank erst zu einem Zinssatz von 8 % borgen müssen? Mit der Funktion *NBW* können Sie feststellen, dass sich bei einem Preis von 3.129,75 € Einnahmen und Ausgaben – inklusive der Zinskosten – gerade ausgleichen würden (Abbildung 3-36).

**Beispiel 2.** An dieser Erweiterung zum Beispiel können Sie feststellen, dass eine etwas höhere Zahlung in der etwas ferneren Zukunft keine große Auswirkung auf den Nettobarwert hat. Der Nettobarwert steigt nur gering (Abbildung 3-37).

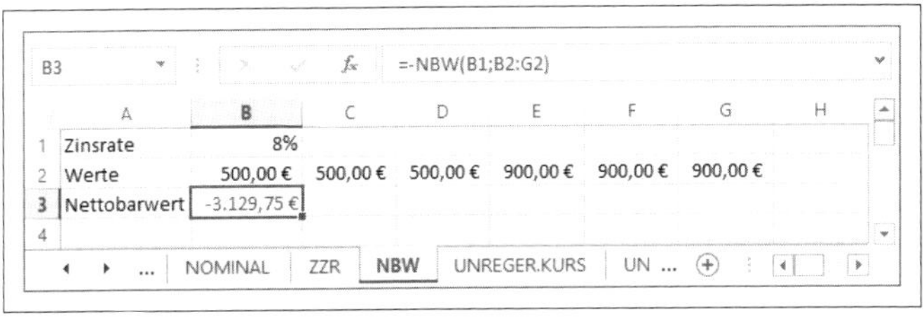


*Abbildung 3-36: Der Nettobarwert beträgt über 3.000 €.*

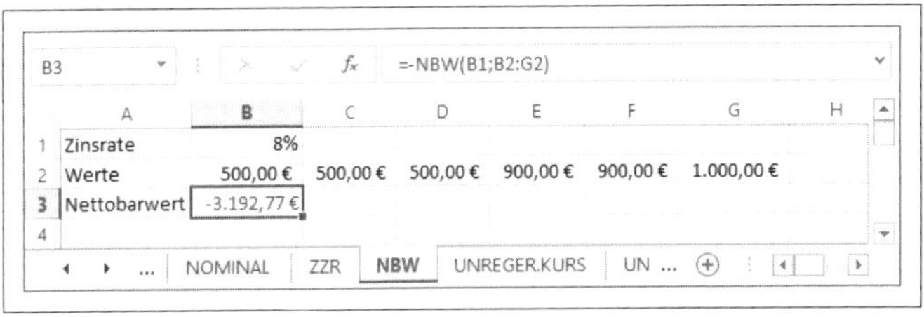


*Abbildung 3-37: Keine große Auswirkung von höheren Raten in der Zukunft.*

**Beispiel 3** Anders verhält es sich, wenn Sie eine Zahlung in der näheren Zukunft erhöhen. Der Nettobarwert steigt dann stärker (Abbildung 3-38).

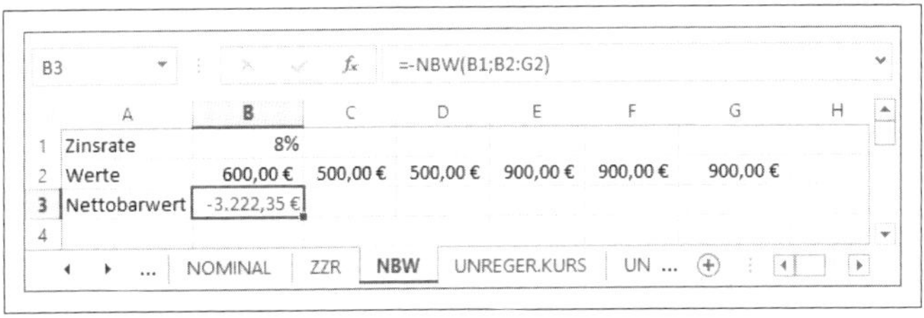


*Abbildung 3-38: Etwas größere Auswirkung von Raten in der Zukunft.*

**Weitere Details** Weitere interessante Details zu dieser Funktion finden Sie in der Onlinehilfe. Wählen Sie zuerst das Register *Formeln* im Menüband und dann den Befehl *Funktion einfügen* in der Gruppe *Funktionsbibliothek*. Markieren Sie die gewünschte Funktion und klicken Sie auf *Hilfe für diese Funktion* (siehe auch Seite 10).

**Ähnliche und verwandte Funktionen** Die Funktion *XKAPITALWERT* liefert den Nettobarwert einer Reihe nicht periodisch anfallender Zahlungen (Seite 84).

## Interner Zinsfuß

Sofern es sich bei einer Zahlungsreihe um Zahlungen in beide Richtungen – also Einzahlungen und Auszahlungen – handelt, können Sie hierfür auch einen internen Zinsfuß berechnen. Der interne Zinsfuß ist der Zinssatz, mit dem der Nettobarwert der Zahlungsreihe den Wert 0 erzeugt. Wie auch die meisten anderen Funktionen in diesem Bereich wird bei solchen Berechnungen ein iterativer Lösungsweg verwendet. Außerdem können sich bei bestimmten Strukturen der Zahlungsreihen mehrere Lösungen ergeben, die alle richtig sind. Deswegen verlangt das Programm zum Start der Berechnung einen Schätzwert.

Drei Funktionen stehen zur Berechnung des internen Zinsfußes zur Verfügung:

*Tabelle 3-8: Funktionen für den internen Zinsfuß*

| | |
|---|---|
| *IKV* | Gibt den internen Zinsfuß einer Investition ohne Finanzierungskosten oder Reinvestitionsgewinne zurück. |
| *QIKV* | Gibt den internen Zinsfuß zurück, wobei positive und negative Zahlungen zu unterschiedlichen Sätzen finanziert werden. |
| *XINTZINSFUSS* | Gibt den internen Zinsfuß einer Reihe nicht periodisch anfallender Zahlungen zurück. |

### IKV(Werte; [Schätzwert])

Die *IKV*-Funktion berechnet den internen Ertragszins einer Investition – also die interne Verzinsung – ohne Finanzierungskosten oder Reinvestitionsgewinne. Dadurch kann die Rentabilität einer Investition geprüft werden. Basis für die Berechnung ist eine Zahlungsreihe. Diese Zahlungsreihe muss mindestens einen positiven und einen negativen Wert enthalten, damit ein interner Zinsfuß berechnet werden kann. Ein- und Auszahlungen müssen in der richtigen zeitlichen Reihenfolge eingeben werden. Außerdem ist erforderlich, dass die Zahlungen in regelmäßigen Abständen erfolgen.

| | |
|---|---|
| *Werte* | Ist eine Matrix von Zellen oder ein Bezug auf Zellen, in denen die Zahlen stehen, für die Sie den internen Zinsfuß berechnen möchten. |
| *Schätzwert* | Ist eine Zahl, von der Sie annehmen, dass sie dem Ergebnis der Funktion nahekommt. Fehlt das Argument *Schätzwert*, wird es als 10 % angenommen. |

**Beispiel 1** Im ersten Jahr wird eine Investition von 1.000 € getätigt, die in den folgenden 5 Jahren einen Rückfluss von 250 € pro Jahr erbringt. Beachten Sie: die Zahlungsreihe muss positive Werte und einen negativen Wert enthalten. Die Verzinsung dieser Investition beträgt 7,9 % (Abbildung 3-39).

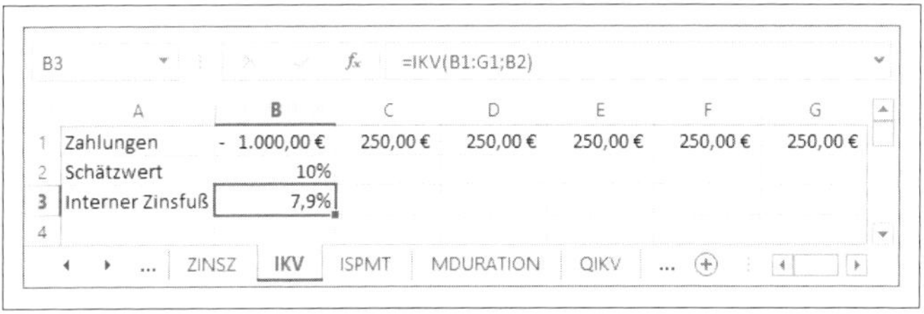


*Abbildung 3-39: Die Zahlungsreihe muss positive Werte und einen negativen Wert enthalten.*

**Beispiel 2** Die Verzinsung wird negativ, sobald die Summe der negativen Werte die der positiven übersteigt (Abbildung 3-40).

## Ähnliche und verwandte Funktionen

- Die Berechnung mit *QIKV* berücksichtigt also sowohl die Kosten der jeweiligen Investition als auch die Zinsen, die sich aus der Reinvestition des Gelds ergeben (Seite 90).
- Die Funktion *XINTZINSFUSS* liefert den internen Zinsfuß einer Reihe nicht periodisch anfallender Zahlungen (Seite 92).

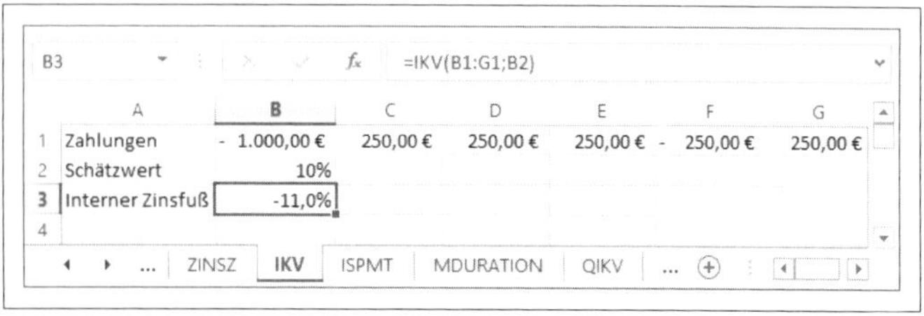


*Abbildung 3-40: Auch eine negative Verzinsung kann berechnet werden.*

## QIKV(Werte; Investition; Reinvestition)

*QIKV* steht für *qualifizierter interner Kapitalverzinsungssatz*. Sie berechnen damit eine Zahlungsreihe, bei denen positive und negative Cashflows – also im Prinzip finanzielle Zuflüsse und Abflüsse – mit unterschiedlichen Zinssätzen finanziert werden. Die Berechnung mit *QIKV* berücksichtigt also sowohl die Kosten der jeweiligen Investition als auch die Zinsen, die sich aus der Reinvestition des Gelds ergeben. Wenn Sie in einer Situation sind, in der Sie unterschiedliche Zinsraten für geborgtes und investiertes Kapital zahlen müssen, können Sie zur Berechnung des effektiven Zinssatzes die Funktion *QIKV* verwenden. *QIKV* berücksichtigt sowohl die Kosten der jeweiligen Investition als auch die Zinsen, die sich aus der Reinvestition des Gelds ergeben.

| | |
|---|---|
| *Werte* | Ist eine Matrix oder ein Bezug auf Zellen, die eine Zahlungsreihe enthalten. Diese Zahlungsreihe muss mindestens einen positiven und einen negativen Zahlenwert umfassen. |
| *Investition* | Ist der Zinssatz, den Sie für die gezahlten Gelder ansetzen. |
| *Reinvestition* | Ist der Zinssatz, den Sie für reinvestierte Gelder erzielen. |

- Das Argument *Werte* muss mindestens einen positiven und einen negativen Wert umfassen, damit der modifizierte interne Zinsfuß berechnet werden kann. Andernfalls gibt *QIKV* den Fehlerwert *#DIV/0!* zurück.
- Enthält ein als Matrix oder Bezug angegebenes Argument Text, Wahrheitswerte oder leere Zellen, werden diese Werte igno-

riert. Zellen, die den Wert 0 enthalten, werden dagegen berücksichtigt.

- Die Funktion verwendet die Reihenfolge der in Werte angegebenen Zahlen als Reihenfolge der Zahlungen. Sie müssen also darauf achten, dass Sie die Ein- und Auszahlungen in der von Ihnen gewünschten Reihenfolge und mit den richtigen Vorzeichen eingeben.

**Beispiel 1** Angenommen, Sie investieren 150.000,00 €. Dazu müssen Sie einen Kredit aufnehmen, den Sie mit 10 % verzinsen müssen. Die Investition liefert in den Jahren danach bestimmte Erträge. Es wird angenommen, dass Sie diese Gewinne sofort nach Erhalt zu einem Zinssatz von 12 % anlegen können. Die effektive Verzinsung – der sogenannte modifizierte interne Zinsfuß – für dieses Konglomerat von Geschäften beträgt 8,85 % (Abbildung 3-41).

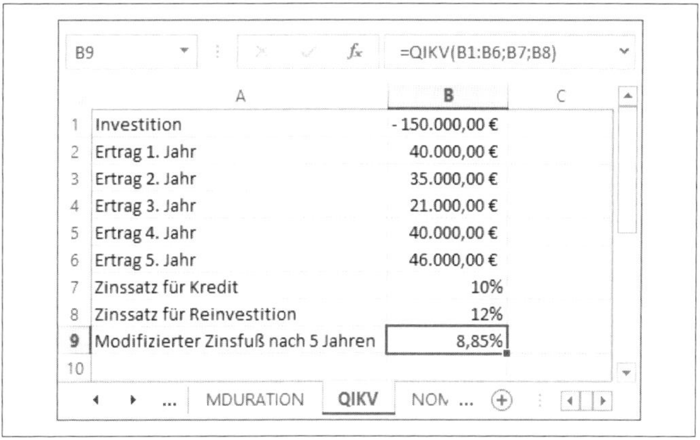


| | A | B | C |
|---|---|---|---|
| 1 | Investition | -150.000,00 € | |
| 2 | Ertrag 1. Jahr | 40.000,00 € | |
| 3 | Ertrag 2. Jahr | 35.000,00 € | |
| 4 | Ertrag 3. Jahr | 21.000,00 € | |
| 5 | Ertrag 4. Jahr | 40.000,00 € | |
| 6 | Ertrag 5. Jahr | 46.000,00 € | |
| 7 | Zinssatz für Kredit | 10% | |
| 8 | Zinssatz für Reinvestition | 12% | |
| 9 | Modifizierter Zinsfuß nach 5 Jahren | 8,85% | |
| 10 | | | |

*Abbildung 3-41: QIKV fügt Investitionen und Reinvestitionen zusammen.*

**Beispiel 2** Beachten Sie, dass der Zinssatz für das ursprüngliche Geschäft selbst 6,87 % betragen würde (Abbildung 3-42).

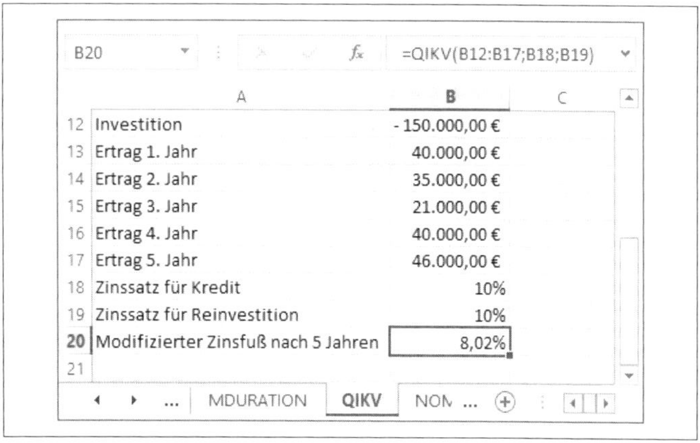


*Abbildung 3-42: Der Zinssatz für das ursprüngliche Geschäft allein.*

**Weitere Details** Weitere interessante Details zu dieser Funktion finden Sie in der Hilfe von Excel. Für den schnellen Zugriff wählen Sie zuerst das Register *Formeln* im Menüband und dann den Befehl *Funktion einfügen* in der Gruppe *Funktionsbibliothek*. Markieren Sie die gewünschte Funktion und klicken Sie auf *Hilfe für diese Funktion* (siehe auch Seite 10).

### Ähnliche und verwandte Funktionen

- Die *IKV*-Funktion berechnet den internen Ertragszins einer Investition – also die interne Verzinsung – ohne Finanzierungskosten oder Reinvestitionsgewinne (Seite 88).
- Die Funktion *XINTZINSFUSS* liefert den internen Zinsfuß einer Reihe nicht periodisch anfallender Zahlungen (Seite 92).

## XINTZINSFUSS(Werte; Zeitpkte; [Schätzwert])

Die Funktion *XINTZINSFUSS* liefert den internen Zinsfuß einer Reihe nicht periodisch anfallender Zahlungen. Zur Berechnung von *XINTZINSFUSS* wird ein Iterationsverfahren verwendet. Die Angabe eines Schätzwerts ist sinnvoll (siehe auch Seite 47).

| | |
|---|---|
| *Werte* | Ist eine Zahlungsreihe, die mindestens eine positive und mindestens eine negative Zahlung beinhaltet. |
| *Zeitpkte* | Ist die Liste der Zahlungstermine, also der Termine, zu denen die in Werte angegebenen Zahlungen fällig sind. Sie können diese Termine in beliebiger Reihenfolge eingeben. Wie immer sollten diese Datumsangaben mithilfe der Funktion *DATUM* oder als Ergebnisse anderer Formeln oder Funktionen eingegeben werden (siehe Seite 47). |
| *Schätzwert* | Ist eine Schätzung für den internen Zinsfuß. Ist das Argument *Schätzwert* nicht angegeben, wird es als 10 % angenommen. |

- Der erste Zahlungstermin legt den Beginn des Zahlungsplans fest. Alle folgenden Termine müssen später liegen als dieser Termin.
- Der erste Zahlungswert ist optional und beschreibt eine Zahlung, die zu Beginn der Investition getätigt wird. Alle folgenden Zahlungen werden auf Basis eines 365-Tage-Jahrs abgezinst.

**Beispiel** Für die Funktion *XINTZINSFUSS* gilt, dass diese Funktion mehrere Datumswerte benötigt. Außerdem muss die Zahlungsreihe mindestens einen positiven und einen negativen Wert enthalten, damit ein interner Zinsfuß berechnet werden kann. Diese Datumsangaben sollten wiederum mithilfe der Funktion *DATUM* oder als Ergebnisse anderer Formeln oder Funktionen eingegeben werden (siehe Seite 47). Sie benötigen zur Berechnung eigentlich nur die Höhe und die Zeitpunkte der Zahlungen (Abbildung 3-43).

B4 =XINTZINSFUSS(B1:F1; B2:F2; B3)

| | A | B | C | D | E | F |
|---|---|---|---|---|---|---|
| 1 | Zahlungen | - 9.000,00 € | 3.000,00 € | 4.000,00 € | 2.000,00 € | 1.000,00 € |
| 2 | Zeitpunkte der Zahlung | 01.01.2014 | 15.01.2014 | 10.02.2014 | 15.03.2014 | 01.01.2014 |
| 3 | Schätzwert | 10% | | | | |
| 4 | Interner Zinsfuss | 2,10 | | | | |
| 5 | | | | | | |



*Abbildung 3-43: Der interne Zinsfuß einer Zahlungsreihe wird berechnet.*

**Weitere Details** Weitere interessante Details zur Funktion *XINTZINSFUSS* finden Sie in der Onlinehilfe des Programms. Für den schnellen Zugriff wählen Sie zuerst das Register *Formeln* im Menüband und dann den Befehl *Funktion einfügen* in der Gruppe *Funktionsbibliothek*. Markieren Sie dann *XINTZINSFUSS* und klicken Sie auf *Hilfe für diese Funktion* (siehe auch Seite 10).

### Ähnliche und verwandte Funktionen

- Die *IKV*-Funktion berechnet den internen Ertragszins einer Investition – also die interne Verzinsung – ohne Finanzierungskosten oder Reinvestitionsgewinne (Seite 88).
- Die Berechnung mit *QIKV* berücksichtigt sowohl die Kosten der jeweiligen Investition als auch die Zinsen, die sich aus der Reinvestition des Gelds ergeben (Seite 90).

KAPITEL 4

# Finanzmathematik für Wertpapieranlagen

Im vorherigen Kapitel haben wir uns ausgiebig mit den finanzmathematischen Funktionen beschäftigt, die die Analyse und Bearbeitung von Problemen mit Annuitäten zum Inhalt hatten. Eigentlich hätten wir dieses Kapitel auch mit »Finanzmathematik für die Berechnung von Annuitäten« überschreiben können. Jetzt wechseln wir das Thema und beschäftigen uns mit den Funktionen, die ihre besondere Anwendung bei der Arbeit mit Wertpapieranlagen finden. Sie werden sehen, dass es sich hier um eine ganz andere Klasse handelt. Zu diesen Funktionen gehören:

- Funktionen für Wertpapiere mit periodischen Zinszahlungen – also die typischen Wertpapiere,
- Funktionen für unverzinsliche Wertpapiere,
- Funktionen für gebrochene Perioden,
- Auszahlung der Zinsen am Fälligkeitstag,
- Terminfunktionen,
- Funktionen für US-Schatzwechsel sowie
- Funktionen zur Umwandlung der Notierungsform.

Dieses Kapitel zeigt Ihnen in sieben Abschnitten, wie man mit diesen Funktionen umgeht.

## Einige Vorbemerkungen

Auch bei diesem Kapitel ist es sinnvoll, mit einigen Vorbemerkungen zu beginnen, ehe wir mehr in die Tiefe der einzelnen Funktionen gehen. Wir wollen Ihnen hier die wichtigsten Parameter dieser Gruppe von Funktionen vorstellen und außerdem die verschiedenen Methoden der Zinsberechnung ansprechen.

### Die wichtigsten Parameter

Bei den Funktionen zur Finanzmathematik für Wertpapieranlagen gibt es eine größere Zahl von Argumenten, die bei vielen Funktionen immer wieder auftauchen. Wir liefern Ihnen deswegen schon einmal einen Überblick darüber. Sie finden darunter einerseits immer wieder die Argumente für vier Datumsangaben (Tabelle 4-1). Bei der Eingabe der Daten für diese Parameter müssen bestimmte Bedingungen berücksichtigt werden.

*Tabelle 4-1: Einige wichtige Datumsparameter bei den Funktionen zur Finanzmathematik für Wertpapieranlagen.*

| | |
|---|---|
| *Emission* | Ist das Datum der Wertpapieremission. |
| *Abrechnung* | Ist der Abrechnungstermin des Wertpapierkaufs. Der Abrechnungstermin des Wertpapierkaufs ist das Datum nach der Wertpapieremission, wenn das Wertpapier in den Besitz des Käufers übergeht. |
| *Fälligkeit* | Ist der Fälligkeitstermin. Dabei handelt es sich um den Zeitpunkt, zu dem das Wertpapier abläuft. |
| *Erster_Zinstermin* | Ist der erste Zinstermin. |
| *Letzter_Zinstermin* | Ist der letzte Zinstermin. |

Außerdem finden Sie hier noch diverse andere Parameter (Tabelle 4-2).

*Tabelle 4-2: Einige weitere wichtige Parameter bei den Funktionen zur Finanzmathematik für Wertpapieranlagen.*

| | |
|---|---|
| *Kurs* | Ist der Kurs pro 100 € Nennwert. |
| *Rückzahlung* | Ist der *Rückzahlungswert* pro 100 € Nennwert. |
| *Basis* | Gibt an, wie die Zinstage gezählt werden. Es gibt fünf Möglichkeiten zur Einstellung: *0* (oder nicht angegeben) für USA (NASD) 30/360, *1* für Taggenau, *2* für Taggenau/360, *3* für Taggenau/365 und *4* für Europa 30/360 (siehe auch Seite 97). |
| *Anlage* | Ist der anzulegende Betrag. |
| *Ansch_Wert* | Sind die *Anschaffungskosten* eines Wirtschaftsguts vor jeder Abschreibung. |
| *Nominalzins* | Ist der jährliche Nominalzins – der Kuponzinssatz. |
| *Nennwert* | Ist der Nennwert des Wertpapiers. |

## Die Basis der Zinsberechnung

Eine weitere Vorbemerkung ist sinnvoll: Die Funktionen der Gruppe für die Analyse von Wertpapieren verfügen zum großen Teil über einen weiteren optionalen Parameter, der bei Excel als *Basis* bezeichnet wird. Dieser Parameter dient dem Festlegen der Methode der Zinsberechnung. Unter der *Zinsberechnungsmethode* versteht man die einzelnen Varianten der Finanzmathematik in der Zinsberechnung. Insgesamt gibt es weltweit neun verschiedene Methoden, von denen aber nur ein Teil praktisch eingesetzt wird. Alle Methoden basieren auf der klassischen Zinsformel. Die Methoden unterscheiden sich eigentlich nur in der Berechnung der Anzahl der Tage.

*Tabelle 4-3: Die wichtigsten Methoden zu Zinsberechnung.*

| | |
|---|---|
| *USA (NASD) 30/360* | Die Zinsmonate werden mit 30 Tagen und das Zinsjahr wird mit 360 Tagen angesetzt. Ausnahme ist der Februar, der kalendergenau mit 28 bzw. 29 Tagen genau angesetzt wird, sofern der Periodenanfang bzw. das Periodenende auf diese Tage fällt. *NASD* steht übrigens für *National Association of Securities Dealers* – also Nationale Vereinigung der Wertpapierhändler. |
| *Taggenau* | Diese Methode wird auch als *ACT/ACT* oder *Effektivzinsmethode* bezeichnet. Wenn Sie von dem Wort »*Taggenau*« etwas verwirrt sind: gemeint ist »*auf den Tag genau*«. Die Zinstage werden kalendergenau bestimmt. Das Zinsjahr hat also 365 bzw. 366 Tage. Das Basisjahr hat wie das Zinsjahr kalendergenau 365 bzw. 366 Tage. Der erste Anlagetag wird nicht verzinst, der letzte Anlagetag wird verzinst. |
| *Europa 30/360* | Ist die *deutsche kaufmännische Zinsmethode*. Der Zinsmonat umfasst immer 30 Tage, das Zinsjahr umfasst immer 360 Tage. In Monaten mit 31 Tagen werden der 30. und der 31. als ein Tag gezählt. Bei Geschäften, die im Februar enden, werden die Tage kalendergenau gezählt. Für den Februar ergeben sich somit maximal 28 bzw. 29 Tage. Bei Geschäften, die nicht im Februar enden, wird der Februar mit 30 Tagen gezählt. Das Basisjahr wird ebenso wie Zinsmonat und Zinsjahr unabhängig von der Anzahl der tatsächlichen Tage mit 360 Tagen angesetzt. Je nach Anlageart wird entweder der erste Anlagetag oder der letzte Anlagetag verzinst und der andere nicht. |
| *Taggenau 365* | Ist die *englische Zinsmethode*. Die Zinstage werden kalendergenau bestimmt, das Zinsjahr hat also 365 bzw. 366 Tage. Das Basisjahr wird unabhängig von der Anzahl der tatsächlichen Tage im Unterschied zu *ACT/360* mit 365 Tagen angesetzt. Der erste Anlagetag wird nicht verzinst, der letzte Anlagetag wird verzinst. |

*Tabelle 4-3: Die wichtigsten Methoden zu Zinsberechnung. (Fortsetzung)*

| | |
|---|---|
| *ACT/360* | Ist die *Eurozinsmethode* oder *französische Zinsmethode*. Die Zinstage werden kalendergenau bestimmt, das Zinsjahr hat also 365 bzw. 366 Tage. Das Basisjahr wird unabhängig von der Anzahl der tatsächlichen Tage im Unterschied zu *ACT/365* mit 360 Tagen angesetzt. |

# Funktionen für Wertpapiere mit periodischen Zinszahlungen

Bei dem Großteil der Wertpapiere handelt es sich wohl um solche mit periodischen Zinszahlungen. Für derartige Papiere stellt Excel eine größere Menge von Funktionen für unterschiedliche Aufgaben zur Verfügung.

*Tabelle 4-4: Funktionen für Wertpapiere mit periodischen Zinszahlungen*

| | |
|---|---|
| *DISAGIO* | Gibt den in Prozent ausgedrückten Abschlag (Disagio) eines Wertpapiers zurück. |
| *AUFGELZINS* | Gibt die aufgelaufenen Zinsen eines Wertpapiers mit periodischen Zinszahlungen zurück. |
| *AUFGELZINSF* | Gibt die aufgelaufenen Zinsen eines Wertpapiers zurück, die bei Fälligkeit ausgezahlt werden. |
| *AUSZAHLUNG* | Gibt den Auszahlungsbetrag eines voll investierten Wertpapiers am Fälligkeitstermin zurück. |
| *KURS* | Gibt den Kurs pro 100 € Nennwert eines Wertpapiers zurück, das periodisch Zinsen auszahlt. |
| *RENDITE* | Gibt die Rendite eines Wertpapiers zurück, das periodisch Zinsen auszahlt. |
| *RENDITEFÄLL* | Gibt die jährliche Rendite eines Wertpapiers zurück, das Zinsen am Fälligkeitsdatum auszahlt. |
| *ZINSSATZ* | Gibt den Zinssatz eines voll investierten Wertpapiers zurück. |
| *MDURATION* | Gibt die geänderte Dauer für ein Wertpapier mit einem angenommenen Nennwert von 100 € zurück. |
| *DURATION* | Gibt die jährliche Duration eines Wertpapiers mit periodischen Zinszahlungen zurück. |

## DISAGIO(Abrechnung; Fälligkeit; Kurs; Rückzahlung; [Basis])

Unter einem *Disagio* versteht man im Finanzwesen einen Abschlag vom Nennwert, der bei einer Kreditgewährung oder der Ausgabe eines Wertpapiers oder von Sorten vereinbart werden kann. Bei

Anleihen ist es marktüblich, dass Emittenten entweder einen Ausgabeaufschlag – Agio – verlangen oder ein Disagio, also einen Ausgabeabschlag, einbehalten. Beides führt während der Anlagelaufzeit zu einer Verminderung des Ertrags entweder beim Emittenten – genannt Disagio – oder beim Anleger – dann heißt es Agio.

Bei Excel liefert die Funktion *DISAGIO* den in Prozent ausgedrückten Abschlag eines Wertpapiers.

| | |
|---|---|
| *Abrechnung* | Ist der Abrechnungstermin des Wertpapierkaufs. Der Abrechnungstermin des Wertpapierkaufs ist das Datum nach der Wertpapieremission, wenn das Wertpapier in den Besitz des Käufers übergeht. |
| *Fälligkeit* | Ist der Fälligkeitstermin. Dabei handelt es sich um den Zeitpunkt, zu dem das Wertpapier abläuft – also das Datum, zu dem das Papier fällig ist. |
| *Kurs* | Ist der Kurs pro 100 € Nennwert. |
| *Rückzahlung* | Ist der Rückzahlungswert pro 100 € Nennwert. |
| *Basis* | Gibt an, wie die Zinstage gezählt werden. *0* (oder nicht angegeben) steht für USA (NASD) 30/360, *1* steht für Taggenau, *2* steht für Taggenau/360, *3* für Taggenau/365 und *4* steht für Europa 30/360 (siehe auch Seite 97). |

Die Mehrzahl der notwendigen Vorsichtsmaßnahmen betrifft die Parameter mit Datumswerten als Inhalt:

- Datumsangaben sollten – wie immer – mithilfe der Funktion *DATUM* oder als Ergebnisse anderer Formeln oder Funktionen eingegeben werden (siehe Seite 47). Ist *Abrechnung* oder *Fälligkeit* keine zulässige fortlaufende Datumszahl, gibt *DISAGIO* den Fehlerwert *#WERT!* zurück.
- Wenn Sie für *Abrechnung*, *Fälligkeit* oder *Basis* keine ganzen Zahlen verwenden, werden diese zu ganzen Zahlen gekürzt, indem ihre Nachkommastellen abgeschnitten werden.
- *DISAGIO* liefert den Fehlerwert *#ZAHL!*, wenn *Kurs* ≤ 0 oder *Rückzahlung* ≤ 0.
- Ist *Basis* < 0 oder *Basis* > 4, liefert *DISAGIO* den Fehlerwert *#ZAHL!*. Das passiert auch bei *Abrechnung* ≥ *Fälligkeit*.

**Beispiel 1** Zur Ermittlung des Disagio benötigen Sie den Abrechnungstermin, den Fälligkeitstermin, den Kurs, den Rückzahlungswert und die Basis (Abbildung 4-1).

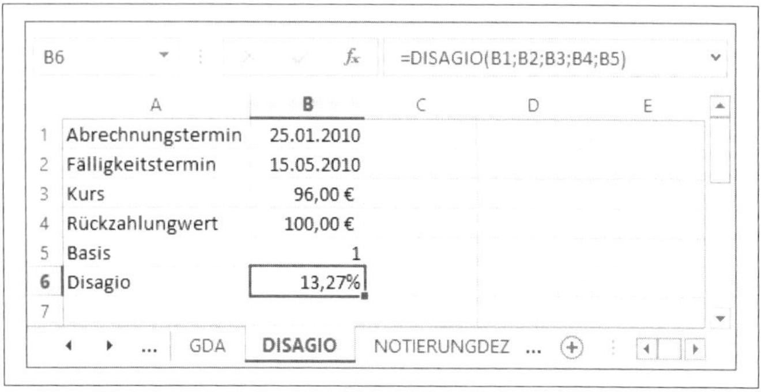


*Abbildung 4-1: Das DISAGIO wird berechnet.*

**Beispiel 2** Einen kleinen Unterschied im Berechnungsergebnis finden Sie, wenn Sie die Basis der Zinstage zu *USA (NASD) 30/360* wechseln (Abbildung 4-2).

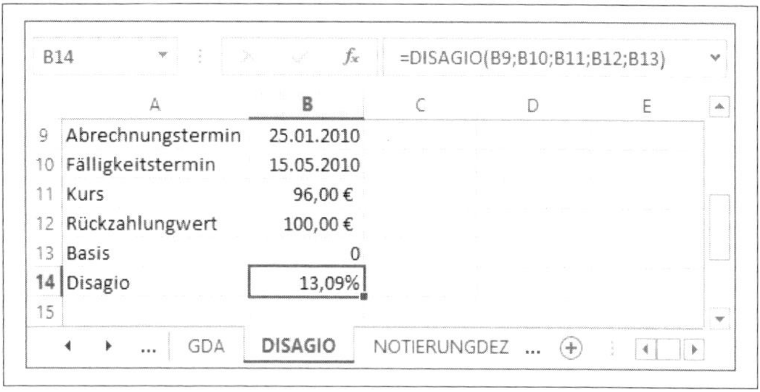


*Abbildung 4-2: Das DISAGIO mit der Basis USA (NASD) 30/360.*

**Weitere Details** Weitere Details zur Funktion *DISAGIO* finden Sie in der Onlinehilfe. Wählen Sie zuerst das Register *Formeln* im Menüband und dann den Befehl *Funktion einfügen* in der Gruppe *Funktionsbibiliothek*. Markieren Sie dann die Funktion *DISAGIO* und klicken Sie auf *Hilfe für diese Funktion* (siehe auch Seite 10).

### AUFGELZINS(Emission; Erster_Zinstermin; Abrechnung; Nominalzins; Nennwert; Häufigkeit; [Basis]; [Berechnungsmethode])

Zinsen werden im Allgemeinen einmal oder mehrfach pro Jahr ausgezahlt. Wenn der Besitzer zwischen zwei Zinsterminen wechselt, muss der Verkäufer dem Käufer neben dem Kurs auch die bis dann angefallenen Zinsen bezahlen. Mit Hilfe der Funktion *AUFGELZINS* können Sie die aufgelaufenen Zinsen eines Wertpapiers mit periodischen Zinszahlungen berechnen und so beispielsweise den Tageswert von fest verzinslichen Papieren kalkulieren.

| | |
|---|---|
| *Emission* | Ist das Datum der Wertpapieremission. |
| *Erster_Zinstermin* | Ist der erste Zinstermin. |
| *Abrechnung* | Ist der Abrechnungstermin des Wertpapierkaufs. |
| *Nominalzins* | Ist der jährliche Nominalzins – der Kuponzinssatz. |
| *Nennwert* | Ist der Nennwert des Wertpapiers. Für den Fall, dass der Nennwert nicht angegeben ist, verwendet *AUFGELZINS* den Wert 1000 €. |
| *Häufigkeit* | Ist die Anzahl der Zinszahlungen pro Jahr. *1* steht für *jährlich*, *2* für *halbjährlich* und *4* für *vierteljährlich*. |
| *Basis* | Gibt an, wie die Zinstage gezählt werden. *0* (oder nicht angegeben) steht für USA (NASD) 30/360, *1* steht für Taggenau, *2* steht für Taggenau/360, *3* für Taggenau/365 und *4* steht für Europa 30/360 (siehe auch Seite 97). |
| *Berechnungsmethode* | Gibt an, wie die insgesamt aufgelaufenen Zinsen berechnet werden sollen. Der Wert *1* liefert die insgesamt aufgelaufenen Zinsen zwischen Ausgabe und Abrechnung zurück. Der Wert *0* gibt die insgesamt aufgelaufenen Zinsen von *Erster_Zinstermin* bis *Abrechnung* zurück. Wenn Sie das Argument nicht eingeben, ist das Standardergebnis *0*. |

- *Emission*, *Erster_Zinstermin*, *Abrechnung*, *Häufigkeit* und *Basis* werden zu ganzen Zahlen gekürzt.
- Ist *Emission*, *Erster_Zinstermin* oder *Abrechnung* kein zulässiges Datum, gibt *AUFGELZINS* den Fehlerwert *#WERT!* zurück.

- *Zinssatz* ≤ 0 oder *Nennwert* ≤ 0 erzeugen bei *AUFGELZINS* den Fehlerwert *#ZAHL!*.
- Wenn *Häufigkeit* nicht einen der Werte 1, 2 oder 4 hat, gibt *AUFGELZINS* den Fehlerwert *#ZAHL!* zurück. Das passiert auch bei *Basis* < 0 oder > 4.
- Ist *Emission* ≥ *Abrechnung*, gibt *AUFGELZINS* aus chronologischen Gründen den Fehlerwert *#ZAHL!* zurück.

**Beispiel 1** Um die aufgelaufenen Zinsen eines Wertpapiers mit periodischen Zinszahlungen zu berechnen, benötigen Sie den Emissionstermin, den ersten Zinstermin, den Abrechnungstermin, den Kuponzinssatz, den Nennwert und die Häufigkeit der Zahlung (Abbildung 4-3). Ein Wertpapier wird am 01.03.2011 ausgegeben. Der erste Zinstermin ist auf den 31.8.2011 festgelegt. Das Abrechnungsdatum ist der 1.5.2011. Der Nominalzins ist 12 %, der Nennwert sei 1.000 €. Die Zinszahlung soll halbjährlich erfolgen – also Häufigkeit 2. Als *Basis* soll 0 verwendet werden. Die aufgelaufenen Zinsen belaufen sich auf 20,00 €.

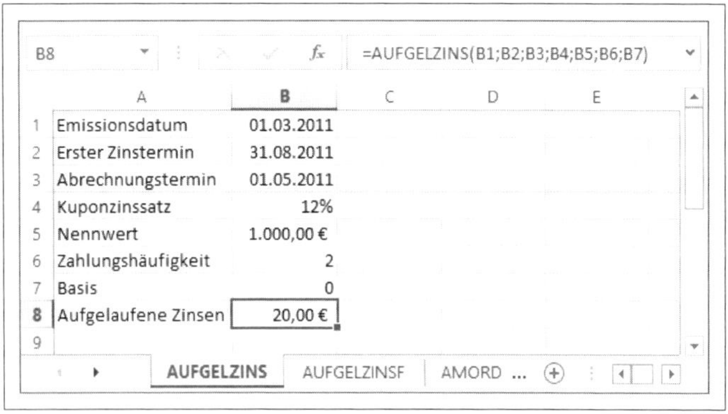


*Abbildung 4-3: Die aufgelaufenen Zinsen werden ermittelt.*

**Beispiel 2** Auch die Häufigkeit der Zinszahlung hat einen gewissen – wenn auch meist geringen – Einfluss auf das Ergebnis (Abbildung 4-4).

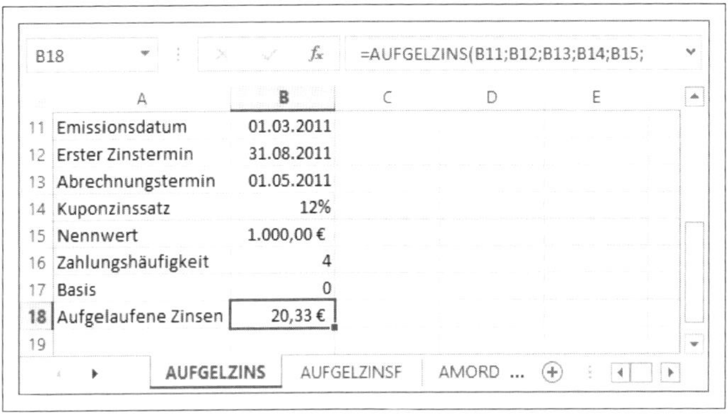


*Abbildung 4-4: Die Zahlungshäufigkeit wurde auf 4 erhöht.*

**Ähnliche und verwandte Funktionen** Die Funktion *AUFGELZINSF* berechnet die aufgelaufenen Zinsen eines Wertpapiers, die bei Fälligkeit ausgezahlt werden (Seite 103).

## AUFGELZINSF(Emission; Abrechnung; Nominalzins; Nennwert; [Basis])

Im Gegensatz zur vorher angesprochenen Funktion *AUFGELZINS* liefert die Funktion *AUFGELZINSF* die aufgelaufenen Zinsen eines Wertpapiers, die bei Fälligkeit ausgezahlt werden – die Funktion ist also nicht für Wertpapiere mit periodischen Zinszahlungen gedacht, aber sonst recht ähnlich zu *AUFGELZINS*.

| | |
|---|---|
| *Emission* | Ist das Datum der Wertpapieremission. |
| *Abrechnung* | Ist der Fälligkeitstermin. |
| *Nominalzins* | Ist der jährliche Nominalzins (Kuponzinssatz). |
| *Nennwert* | Ist der Nennwert. Für den Fall, dass der Nennwert angegeben ist, verwendet *AUFGELZINSF* den Wert 1000 €. |
| *Basis* | Gibt an, wie die Zinstage gezählt werden. Es gibt hier vier Alternativen: *0* (oder nicht angegeben) steht für USA (NASD) 30/360, *1* steht für Taggenau, *2* steht für Taggenau/360, *3* für Taggenau/365 und *4* steht für Europa 30/360 (siehe auch Seite 97). |

- Datumsangaben sollten – wie üblich – mithilfe der Funktion *DATUM* oder als Ergebnisse anderer Formeln oder Funktionen eingegeben werden (siehe Seite 47).
- *Emission*, *Abrechnung* und *Basis* werden zu ganzen Zahlen gekürzt, indem ihre Nachkommastellen abgeschnitten werden. Ist *Emission* oder *Abrechnung* kein zulässiges Datum, gibt *AUFGELZINSF* den Fehlerwert *#WERT!* zurück.
- Wenn *Nominalzins* ≤ 0 oder *Nennwert* ≤ 0 oder *Basis* < 0 oder *Basis* > 4 oder *Emission* = *Abrechnung*, gibt *AUFGELZINSF* den Fehlerwert *#ZAHL!* zurück.

**Beispiel** Um die aufgelaufenen Zinsen zu ermitteln, die bei Fälligkeit ausgezahlt werden, benötigen Sie den Emissionstermin, den Abrechnungstermin, den Nominalzins und den Nennwert (Abbildung 4-5). Ein Wertpapier wird beispielsweise am 24.04.2011 ausgegeben. Der Abrechnungstermin ist auf den 15.6.2012 festgelegt. Der Nominalzins ist 10%, der Nennwert 1.000 €. Als Basis der für die Tages/Jahresberechnung soll *Taggenau* – also *3* – verwendet werden. Die aufgelaufenen Zinsen summieren sich zu 114,52 €.

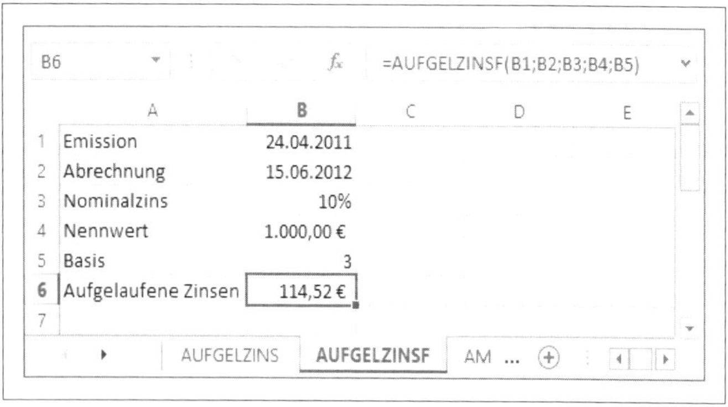


*Abbildung 4-5: Die aufgelaufenen Zinsen werden ermittelt.*

**Ähnliche und verwandte Funktionen** Mit Hilfe der Funktion *AUFGELZINS* können Sie die aufgelaufenen Zinsen eines Wertpapiers mit periodischen Zinszahlungen berechnen (Seite 101).

## AUSZAHLUNG(Abrechnung; Fälligkeit; Anlage; Disagio; [Basis])

Die Funktion *AUSZAHLUNG* liefert den Auszahlungsbetrag, den Sie für eine Anlage in fest verzinslichen Wertpapieren zu einem bestimmten Zeitpunkt erhalten.

| | |
|---|---|
| *Abrechnung* | Ist der Abrechnungstermin des Wertpapierkaufs. |
| *Fälligkeit* | Ist der Fälligkeitstermin. |
| *Anlage* | Ist der anzulegende Betrag. |
| *Disagio* | Ist der in Prozent ausgedrückte Abschlag – das Disagio. |
| *Basis* | Gibt an, wie die Zinstage gezählt werden. *0* (oder nicht angegeben) steht für USA (NASD) 30/360, *1* steht für Taggenau, *2* steht für Taggenau/360, *3* für Taggenau/365 und *4* steht für Europa 30/360 (siehe auch Seite 97). |

- Der Abrechnungstermin ist das Datum, an dem ein Käufer eine Anleihe erwirbt. Der Fälligkeitstermin ist das Datum, an dem die Anleihe fällig ist.
- *Abrechnung*, *Fälligkeit* und *Basis* werden zu ganzen Zahlen gekürzt, indem ihre Nachkommastellen abgeschnitten werden.
- Ist *Abrechnung* oder *Fälligkeit* kein zulässiges Datum, gibt *AUSZAHLUNG* den Fehlerwert *#WERT!* zurück.
- Ist *Anlage* ≤ 0 oder ist *Disagio* ≤ 0 oder *Basis* < 0 oder ist *Basis* > 4 oder *Abrechnung* ≥ *Fälligkeit*, gibt *AUSZAHLUNG* den Fehlerwert *#ZAHL!* zurück.

**Beispiel** Um den Auszahlungsbetrag am Fälligkeitstag zu ermitteln, benötigen Sie den Abrechnungstermin, den Fälligkeitstermin, die Höhe der Anlage und das Disagio (Abbildung 4-6). Angenommen, der Abrechnungstermin ist der 14. Februar 2011, der Fälligkeitstermin der 15. Mai 2011, angelegt wurden 100.000 €, das Disagio ist 5 %, als Basis wird *Taggenau/360* – also 2 – verwendet.

*Abbildung 4-6: Der Auszahlungsbetrag beläuft sich auf über 100.000 €.*

## KURS(Abrechnung; Fälligkeit; Zins; Rendite; Rückzahlung; Häufigkeit; [Basis])

Die Funktion *KURS* liefert den Kurswert pro 100 € Nennwert eines festverzinslichen Wertpapiers, das periodisch Zinsen auszahlt.

| | |
|---|---|
| *Abrechnung* | Ist der Abrechnungstermin des Wertpapierkaufs. Das ist das Datum nach der Wertpapieremission, wenn das Wertpapier in den Besitz des Käufers übergeht. |
| *Fälligkeit* | Ist der Fälligkeitstermin. Dabei handelt es sich um den Zeitpunkt, zu dem das Wertpapier abläuft. |
| *Zins* | Ist der jährliche Nominalzins, also der Kuponzinssatz. |
| *Rendite* | Ist die jährliche Rendite. |
| *Rückzahlung* | Ist der Rückzahlungswert pro 100 € Nennwert. |
| *Häufigkeit* | Ist die Anzahl der Zinszahlungen pro Jahr. *1* steht für *jährlich*, *2* für *halbjährlich* und *4* für *vierteljährlich*. |
| *Basis* | Gibt an, wie die Zinstage gezählt werden. *0* (oder nicht angegeben) steht für USA (NASD) 30/360, *1* steht für Taggenau, *2* steht für Taggenau/360, *3* für Taggenau/365 und *4* steht für Europa 30/360 (siehe auch Seite 97). |

- Datumsangaben sollten mithilfe der Funktion *DATUM* oder als Ergebnisse anderer Formeln oder Funktionen eingegeben werden (siehe Seite 47).

- *Abrechnung*, *Fälligkeit*, *Häufigkeit* und *Basis* werden zu ganzen Zahlen gekürzt, indem ihre Nachkommastellen abgeschnitten werden.
- Ist *Abrechnung* oder *Fälligkeit* kein zulässiges Datum, gibt *KURS* den Fehlerwert *#WERT!* zurück.
- Der Fehlerwert *#ZAHL!* wird angezeigt, wenn *Rendite* < 0, *Zins* < 0, *Rückzahlung* ≤ 0 ist oder *Häufigkeit* nicht mit einer der Zahlen 1, 2 oder 4 belegt ist. Das passiert auch, wenn *Basis* < 0 oder *Basis* > 4 oder *Abrechnung* ≥ *Fälligkeit* ist.

**Beispiel.** Angenommen, Sie haben ein Wertpapier, das über die folgenden Eigenschaften verfügt: Abrechnungstermin am 15.02.2010, Fälligkeitstermin am 15.11.2020, halbjähriger Kuponzinssatz von 5,25 %, Rendite von 6,75 %, Rückzahlungswert ist 100 €, 2 Zinszahlungen pro Jahr. Den Kurs pro 100 € Nennwert bestimmen Sie damit zu 88,65 € (Abbildung 4-7).

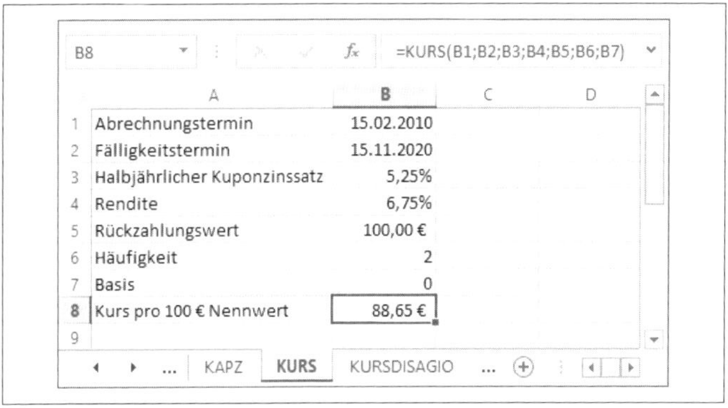


*Abbildung 4-7: Der Kurs pro 100 € Nennwert ergibt sich mit 88,65 €.*

**Weitere Details** Die Berechnungsvorschrift für die Funktion *KURS* ist recht kompliziert. Zusätzliche Informationen finden Sie in der Onlinehilfe. Wählen Sie zuerst das Register *Formeln* im Menüband und dann den Befehl *Funktion einfügen* in der Gruppe *Funktionsbibliothek*. Markieren Sie die Funktion *KURS* und klicken Sie auf *Hilfe für diese Funktion* (siehe auch Seite 10).

**Ähnliche und verwandte Funktionen** Die Funktion *RENDITE*, die Rendite eines Wertpapiers, das periodisch Zinsen auszahlt (Seite 108).

## RENDITE(Abrechnung; Fälligkeit; Zins; Kurs; Rückzahlung; Häufigkeit; [Basis])

So wie *KURS* den Kurswert bestimmt, liefert die Funktion *RENDITE* die Rendite eines Wertpapiers, das periodisch Zinsen auszahlt. Sie können damit beispielsweise die Rendite von Anleihen und Obligationen berechnen.

| | |
|---|---|
| *Abrechnung* | Ist der Abrechnungstermin des Wertpapierkaufs. |
| *Fälligkeit* | Ist der Fälligkeitstermin. |
| *Zins* | Ist der jährliche Nominalzins – der Kuponzinssatz. |
| *Kurs* | Ist der Kurs pro 100 € Nennwert. |
| *Rückzahlung* | Ist der Rückzahlungswert pro 100 € Nennwert. |
| *Häufigkeit* | Ist die Anzahl der Zinszahlungen pro Jahr. *1* steht für *jährlich*, *2* für *halbjährlich* und *4* für *vierteljährlich*. |
| *Basis* | Gibt an, wie die Zinstage gezählt werden. *0* (oder nicht angegeben) steht für USA (NASD) 30/360, *1* steht für Taggenau, *2* steht für Taggenau/360, *3* für Taggenau/365 und *4* steht für Europa 30/360 (siehe auch Seite 97). |

- *Abrechnung*, *Fälligkeit*, *Häufigkeit* und *Basis* werden zu ganzen Zahlen gekürzt, indem ihre Nachkommastellen abgeschnitten werden.
- Ist *Abrechnung* oder *Fälligkeit* kein zulässiges Datum, gibt *RENDITE* den Fehlerwert *#WERT!* zurück.
- Folgende Bedingungen liefern den Fehlerwert *#ZAHL!*: *Zins* < 0, *Kurs* ≤ 0 *Rückzahlung* ≤ 0, *Häufigkeit* ist nicht mit einer der Zahlen 1, 2 oder 4 belegt, *Basis* < 0 oder ist *Basis* > 4, und *Abrechnung* ≥ *Fälligkeit*.

Ist der Zeitraum bis zur Rückzahlung nur eine Kuponperiode lang oder kürzer, wird *RENDITE* mit Hilfe einer direkten Berechnungsformel ermittelt. Ist der Zeitraum bis zum Rückzahlungstermin länger als eine Zinsperiode, wird *RENDITE* über eine Iteration bestimmt. Dabei wird die Rendite so lange geändert, bis der berechnete Kurs mit der vorgegebenen Rendite dem Kurs nahekommt (siehe auch Seite 47).

**Beispiel** Angenommen, Sie haben ein Wertpapier, das über die folgenden Eigenschaften verfügt: Abrechnungstermin am 15.01.2014, Fälligkeitstermin am 14.11.2014, Zinsrate von 8 %, der Kurs beträgt 95,33 €, Rückzahlungswert ist 100 €, 2 Zinszahlungen pro Jahr. Mit diesen Daten berechnen Sie die Rendite mit 14,12 % (Abbildung 4-8).

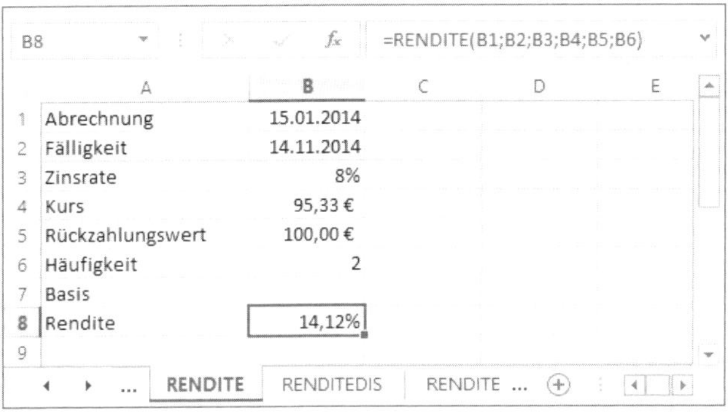


*Abbildung 4-8: Die Rendite beträgt 14,12 %.*

**Ähnliche und verwandte Funktionen** Die Funktion *KURS* liefert den Kurswert pro 100 € Nennwert eines festverzinslichen Wertpapiers, das periodisch Zinsen auszahlt (Seite 106).

## RENDITEFÄLL(Abrechnung; Fälligkeit; Emission; Zins; Kurs; [Basis])

Wenn Sie die Rendite eines fest verzinslichen Wertpapiers im unterjährigen Bereich, also ohne Zinseszinseffekte, berechnen wollen, dessen Zinsen nachschüssig zusammen mit der Rückzahlung zum Fälligkeitstermin ausgezahlt werden, verwenden Sie die Funktion *RENDITEFÄLL*.

| | |
|---|---|
| *Abrechnung* | Ist der Abrechnungstermin des Wertpapierkaufs. Das ist das Datum, an dem ein Käufer eine Anleihe erwirbt. |
| *Fälligkeit* | Ist der Fälligkeitstermin. |
| *Emission* | Ist das Datum der Wertpapieremission. |
| *Zins* | Ist der Zinssatz am Emissionsdatum. |
| *Kurs* | Ist der Kurs pro 100 € Nennwert. |
| *Basis* | Gibt an, wie die Zinstage gezählt werden. *0* (oder nicht angegeben) steht für USA (NASD) 30/360, *1* steht für Taggenau, *2* steht für Taggenau/360, *3* für Taggenau/365 und *4* steht für Europa 30/360 (siehe auch Seite 97). |

- *Abrechnung*, *Fälligkeit*, *Emission* und *Basis* werden zu ganzen Zahlen gekürzt, indem ihre Nachkommastellen abgeschnitten werden.
- Ist *Abrechnung*, *Fälligkeit* oder *Emission* kein zulässiges Datum, gibt *RENDITEFÄLL* den Fehlerwert *#WERT!* zurück.
- Der Fehlerwert *#ZAHL!* wird zurückgegeben, wenn *Zins* < 0, *Kurs* ≤ 0, *Basis* < 0 oder *Basis* > 4, oder *Abrechnung* ≥ *Fälligkeit*.

**Beispiel** Angenommen, Sie verfügen über ein Wertpapier, das Zinsen am Fälligkeitsdatum auszahlt. Außerdem besitzt es die folgenden Charakteristika: Abrechnungstermin am 25.01.2013, Fälligkeitstermin am 25.11.2015, Emissionstermin am 15.07.2012, Zinsrate von 7,25 %, der Kurs beträgt 100,0123. Die Rendite berechnen Sie aus der Basis dieser Daten mit der Funktion *RENDITEFÄLL* zu 6,98 % (Abbildung 4-8).

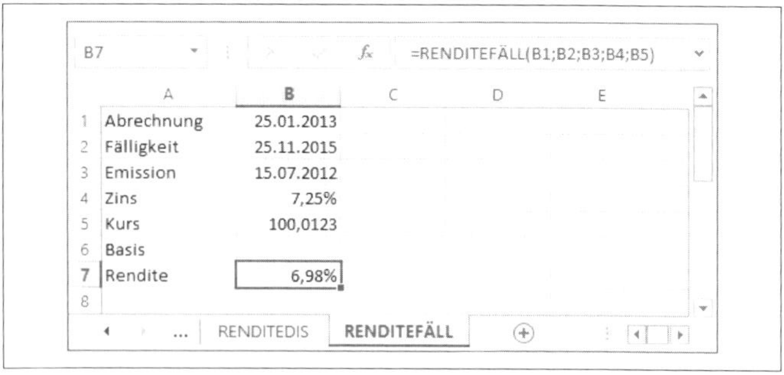


| | A | B |
|---|---|---|
| 1 | Abrechnung | 25.01.2013 |
| 2 | Fälligkeit | 25.11.2015 |
| 3 | Emission | 15.07.2012 |
| 4 | Zins | 7,25% |
| 5 | Kurs | 100,0123 |
| 6 | Basis | |
| 7 | Rendite | 6,98% |

*Abbildung 4-9: Die Rendite wird mit 6,98 % berechnet.*

### ZINSSATZ(Abrechnung; Fälligkeit; Anlage; Rückzahlung; [Basis])

Die Funktion *ZINSSATZ* liefert den jährlichen Zinssatz eines voll investierten Wertpapiers – also eines Papiers, bei dem zwischen Abrechnung und Rückzahlung keine Zinsen ausgeschüttet werden. Ursprünglich ist die Funktion für den Kauf von Wertpapieren gedacht, sie kann aber auf jede Situation angewendet werden, in der ein Betrag eingezahlt und ein anderer Betrag nach einer Frist zurückgezahlt wird.

| | |
|---|---|
| *Abrechnung* | Ist der Abrechnungstermin des Wertpapierkaufs. Das ist das Datum, an dem ein Käufer eine Anleihe erwirbt. |
| *Fälligkeit* | Ist der Fälligkeitstermin. |
| *Anlage* | Ist der anzulegende Betrag. |
| *Rückzahlung* | Ist der Betrag, der bei Fälligkeit zu erwarten ist. |
| *Basis* | Gibt an, wie die Zinstage gezählt werden. *0* (oder nicht angegeben) steht für USA (NASD) 30/360, *1* steht für Taggenau, *2* steht für Taggenau/360, *3* für Taggenau/365 und *4* steht für Europa 30/360 (siehe auch Seite 97). |

- Datumsangaben sollten mithilfe der Funktion *DATUM* – oder ähnlich – oder als Ergebnisse anderer Formeln oder Funktionen eingegeben werden (siehe Seite 47).
- *Abrechnung*, *Fälligkeit* und *Basis* werden zu ganzen Zahlen gekürzt, indem ihre Nachkommastellen abgeschnitten werden.
- Ist *Abrechnung* oder *Fälligkeit* kein zulässiges Datum, gibt *ZINSSATZ* den Fehlerwert *#WERT!* zurück.
- Der Fehlerwert *#ZAHL!* erscheint unter folgenden Bedingungen: *Anlage* ≤ 0 oder *Rückzahlung* ≤ 0, *Basis* < 0 oder *Basis* > 4, *Abrechnung* ≥ *Fälligkeit*.

**Beispiel** Um den Zinssatz berechnen zu können, benötigen Sie den Abrechnungstermin, den Fälligkeitstermin, die Höhe der Anlage und die Rückzahlung (Abbildung 4-10). Beachten Sie, dass Sie die Parameter auch für andere Ziele umfunktionieren können. Hier ein Beispiel: Sie kaufen am 01.10.2010 ein Oldtimer-Auto für 1.000.000 € und verkaufen es ein Jahr später für 1.023.345 €. Als Basis verwenden Sie die taggenaue Berechnung – also *Basis* = 2. Der Zinssatz beträgt dann 2,30 %.

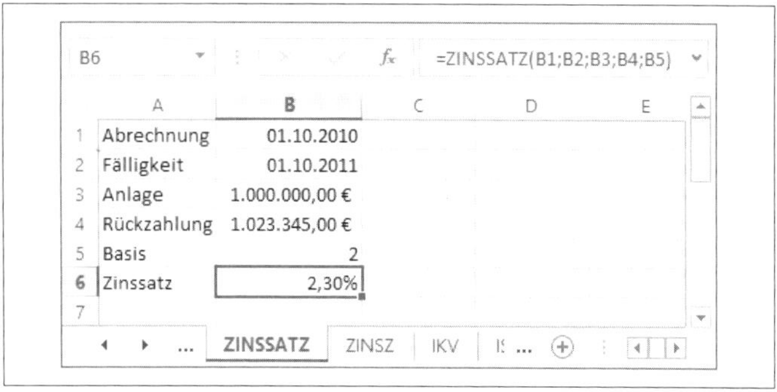


*Abbildung 4-10: Der Zinssatz wird berechnet mit 2,30 %.*

**Weitere Details** Zusätzliche Informationen zur Funktion *ZINSSATZ*, wie Details zur Berechnung, finden Sie in der Hilfe (siehe auch Seite 10).

### KURSFÄLLIG(Abrechnung; Fälligkeit; Emission; Zins; Rendite; [Basis])

Eine spezielle Funktion kann für Wertpapiere verwendet werden, bei denen die Zinsen am Fälligkeitstag ausgezahlt werden. Die Funktion *KURSFÄLLIG* liefert den Kurswert eines fest verzinslichen Wertpapiers mit einem Nennwert von 100 €, bei dem die Zinsen zum Fälligkeitsdatum mit der Rückzahlung ausgezahlt werden.

| | |
|---|---|
| *Abrechnung* | Ist der Abrechnungstermin des Wertpapierkaufs. |
| *Fälligkeit* | Ist der Fälligkeitstermin. |
| *Emission* | Ist das Datum der Wertpapieremission. |
| *Zins* | Ist der Zinssatz zum Emissionstermin. |
| *Rendite* | Ist die jährliche Rendite. |
| *Basis* | Gibt an, wie die Zinstage gezählt werden. *0* (oder nicht angegeben) steht für USA (NASD) 30/360, *1* steht für Taggenau, *2* steht für Taggenau/360, *3* für Taggenau/365 und *4* steht für Europa 30/360 (siehe auch Seite 97). |

- Alle Datumsangaben sollten mithilfe der Funktion *DATUM* oder als Ergebnisse anderer Formeln oder Funktionen eingegeben werden (siehe Seite 47).

- *Abrechnung*, *Fälligkeit*, *Emission* und *Basis* werden zu ganzen Zahlen gekürzt, indem ihre Nachkommastellen abgeschnitten werden.
- Ist *Abrechnung*, *Fälligkeit* oder *Emission* kein zulässiges Datum, gibt *KURSFÄLLIG* den Fehlerwert *#WERT!* zurück.
- Der Fehlerwert *#ZAHL!* wird erzeugt, wenn *Zins* < 0 oder *Rendite* < 0, *Basis* < 0 oder *Basis* > 4, oder *Abrechnung* ≥ *Fälligkeit ist.*

**Beispiel** Für einen Abrechnungstermin vom 15.02.2011, einen Fälligkeitstermin vom 13.04.2011, ein Ausgabedatum vom 11.11.2010, einen halbjährigen Kuponzinssatz und eine Verzinsung von 6,5 % ergibt sich ein Kurs von 99,98 € (Abbildung 4-11).

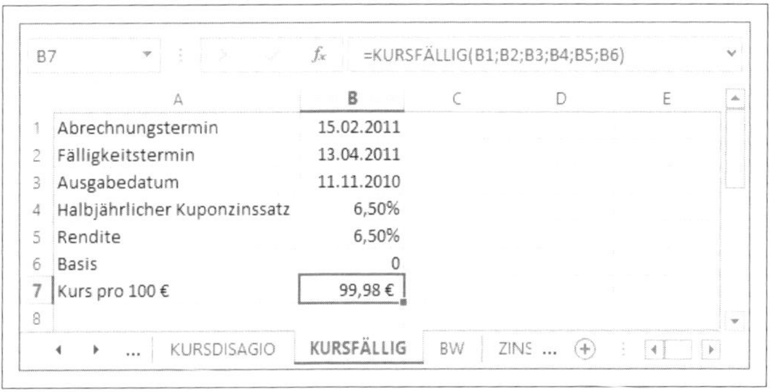


*Abbildung 4-11: Der Nennwert beträgt 99,98 € pro 100 € Nennwert des Wertpapiers.*

**Weitere Hinweise** Weitere Details zu dieser Funktion finden Sie in der Hilfe (siehe auch Seite 10).

## MDURATION(Abrechnung; Fälligkeit; Coupon; Rendite; Häufigkeit; [Basis])

Die Funktion *MDURATION* gibt die modifizierte Macauley-Dauer eines Wertpapiers mit einem angenommenen Nennwert von 100 € zurück. Diese Macauley-Dauer ist eine Kennzahl, die die durchschnittliche Kapitalbindungsdauer einer Geldanlage in einem festverzinslichen Wertpapier bezeichnet. Allgemein formuliert ist die *Duration* der gewichtete Mittelwert der Zeitpunkte, zu denen der Anleger Zahlungen aus einem Wertpapier erhält.

| | |
|---|---|
| *Abrechnung* | Ist der Abrechnungstermin des Wertpapierkaufs. Der Abrechnungstermin des Wertpapierkaufs ist das Datum nach der Wertpapieremission, wenn das Wertpapier in den Besitz des Käufers übergeht. |
| *Fälligkeit* | Ist der Fälligkeitstermin des Wertpapiers. Dabei handelt es sich um den Zeitpunkt, zu dem das Wertpapier abläuft. |
| *Coupon* | Ist der jährliche Nominalzins (Kuponzinssatz) des Wertpapiers. |
| *Rendite* | Ist die jährliche Rendite des Wertpapiers. |
| *Häufigkeit* | Ist die Anzahl der Zinszahlungen pro Jahr. Bei jährlichen Zahlungen ist Häufigkeit = *1*, bei halbjährlichen = *2* und bei vierteljährlichen = *4*. |
| *Basis* | Gibt an, wie die Zinstage gezählt werden. *0* (oder nicht angegeben) steht für USA (NASD) 30/360, *1* steht für Taggenau, *2* steht für Taggenau/360, *3* für Taggenau/365 und *4* steht für Europa 30/360 (siehe auch Seite 97). |

- Datumsangaben sollten mithilfe der Funktion *DATUM* oder als Ergebnisse anderer Formeln oder Funktionen eingegeben werden (siehe Seite 47).
- *Abrechnung*, *Fälligkeit*, *Häufigkeit* und *Basis* werden zu ganzen Zahlen gekürzt, indem ihre Nachkommastellen abgeschnitten werden.
- Wenn *Abrechnung* oder *Fälligkeit* kein zulässiges Datum ist, gibt *MDURATION* den Fehlerwert *#WERT!* zurück.
- Der Fehlerwert *#ZAHL!* taucht auf, wenn *Nominalzins* < 0, *Häufigkeit* nicht mit einer der Zahlen 1, 2 oder 4 belegt ist, *Basis* < 0 oder *Basis* > 4, oder *Abrechnung* ≥ *Fälligkeit* ist.

**Beispiel** Angenommen, Sie verfügen über eine Anlage mit den folgenden Eckwerten: Abrechnungstermin 01.01.2010, Fälligkeitstermin 01.01.2018, Kuponzinssatz 8 %, Rendite 9 %, Zahlungshäufigkeit 2 und Berechnungsbasis 1. Damit berechnen Sie die Macauley-Dauer mit 5,73 (Abbildung 4-12).

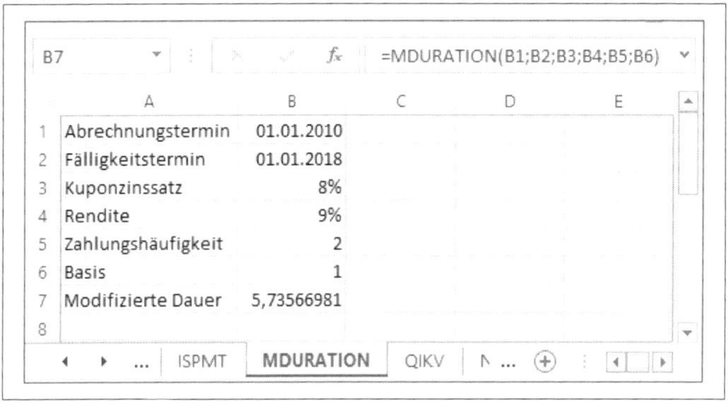


*Abbildung 4-12: Die Macauley-Dauer beträgt 5,7 Jahre.*

**Weitere Details** Mehr Details zur Funktion *MDURATION* finden Sie in der Onlinehilfe des Programms. Wählen Sie zuerst das Register *Formeln* im Menüband und dann den Befehl *Funktion einfügen* in der Gruppe *Funktionsbibliothek*. Markieren Sie *MDURATION* und klicken Sie auf *Hilfe für diese Funktion* (siehe auch Seite 8).

**Ähnliche und verwandte Funktionen** *DURATION* gibt für einen Nennwert von 100 € die Macauley-Dauer zurück (Seite 115).

## DURATION(Abrechnung; Fälligkeit; Nominalzins; Rendite; Häufigkeit; [Basis])

*DURATION* gibt für einen angenommenen Nennwert von 100 € die Macauley-Dauer zurück. Diese Dauer ist als gewichteter Mittelwert des Barwerts der Cashflows definiert und dient als Maß, wie der Kurs eines Wertpapiers auf Änderungen der Rendite reagiert.

| | |
|---|---|
| *Abrechnung* | Ist der Abrechnungstermin des Wertpapierkaufs. Der Abrechnungstermin des Wertpapierkaufs ist das Datum nach der Wertpapieremission, wenn das Wertpapier in den Besitz des Käufers übergeht. |
| *Fälligkeit* | Ist der Fälligkeitstermin des Wertpapiers. Dabei handelt es sich um den Zeitpunkt, zu dem das Wertpapier abläuft. |
| *Nominalzins* | Ist der jährliche Nominalzins (Kuponzinssatz) des Wertpapiers. |
| *Rendite* | Ist die jährliche Rendite des Wertpapiers. |

| | |
|---|---|
| *Häufigkeit* | Die Anzahl der Zinszahlungen pro Jahr. Bei jährlichen Zahlungen ist Häufigkeit = *1*, bei halbjährlichen = *2* und bei vierteljährlichen = *4*. |
| *Basis* | Gibt an, auf welcher Basis die Zinstage gezählt werden. *0* (oder nicht angegeben) steht für USA (NASD) 30/360, *1* steht für Taggenau, *2* steht für Taggenau/360, *3* für Taggenau/365 und *4* steht für Europa 30/360 (siehe auch Seite 97). |

- Der Abrechnungstermin ist das Datum, an dem ein Käufer eine Anleihe erwirbt. Der Fälligkeitstermin ist das Datum, an dem die Anleihe fällig ist.
- *Abrechnung*, *Fälligkeit*, *Häufigkeit* und *Basis* werden zu ganzen Zahlen gekürzt, indem ihre Nachkommastellen abgeschnitten werden.
- Ist *Abrechnung* oder *Fälligkeit* kein zulässiges Datum, gibt *DURATION* den Fehlerwert *#WERT*! zurück.

  Der Fehlerwert *#ZAHL*! entsteht unter den folgenden Umständen: *Nominalzins* < 0 oder *Rendite* < 0, *Häufigkeit* nicht mit einer der Zahlen 1, 2 oder 4 belegt, *Basis* < 0 oder ist *Basis* > 4 oder *Abrechnung* ≥ *Fälligkeit*.

**Beispiel** Sie können die Daten für Abrechnungstermin, Fälligkeitstermin, Nominalzins und Rendite als Basisdaten für die Berechnung verwenden (Abbildung 4-13).

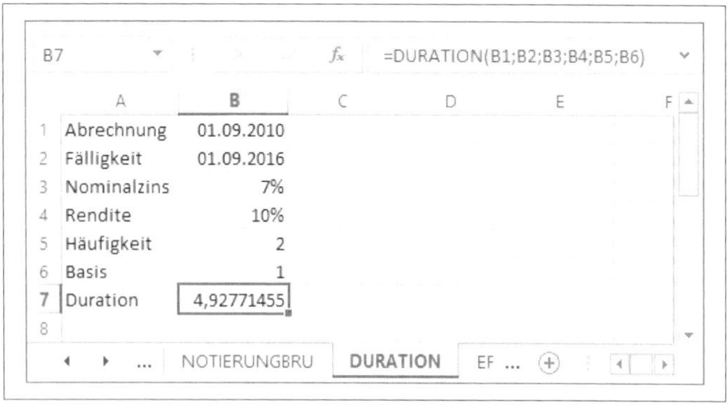


*Abbildung 4-13: Die Funktion DURATON wird mit 4,9 berechnet.*

**Ähnliche und verwandte Funktionen** Die Funktion *MDURATION* gibt die modifizierte Macauley-Dauer eines Wertpapiers mit einem angenommenen Nennwert von 100 € zurück (Seite 113).

# Unverzinsliche Wertpapiere

Unverzinsliche Wertpapiere sind Wertpapiere ohne laufende Verzinsung, deren Verkaufspreis sich durch Abzinsung des Nennwerts auf den Kaufzeitpunkt ergibt. Der Anleger bekommt am Ende der Laufzeit den Nennwert einschließlich des Abzinsungsbetrags. Zwei Funktionen ermöglichen die Berechnung der jährlichen Rendite und des Kurses pro 100 € Nennwert bei unverzinslichen Wertpapieren: *KURSDISAGIO* berechnet den Kurs pro 100 € Nennwert, die jährliche Rendite wird bestimmt mit *RENDITEDIS*.

*Tabelle 4-5: Funktionen für unverzinsliche Wertpapiere.*

| | |
|---|---|
| *KURSDISAGIO* | Gibt den Kurs pro 100 € Nennwert eines unverzinslichen Wertpapiers zurück. |
| *RENDITEDIS* | Gibt die jährliche Rendite eines unverzinslichen Wertpapiers zurück. |

## KURSDISAGIO(Abrechnung; Fälligkeit; Disagio; Rückzahlung; [Basis])

Die Funktion *KURSDISAGIO* berechnet den Ausgabekurs eines nicht verzinslichen Wertpapiers mit einem Nennwert von 100 €.

| | |
|---|---|
| *Abrechnung* | Ist der Abrechnungstermin des Wertpapierkaufs. Der Abrechnungstermin ist das Datum, an dem ein Käufer eine Anleihe erwirbt. |
| *Fälligkeit* | Ist der Fälligkeitstermin. Das ist das Datum, an dem das Papier fällig ist. |
| *Disagio* | Ist der in Prozent ausgedrückte Abschlag – das Disagio. |
| *Rückzahlung* | Ist der Rückzahlungswert pro 100 € Nennwert. |
| *Basis* | Gibt an, wie die Zinstage gezählt werden. *0* (oder nicht angegeben) steht für USA (NASD) 30/360, *1* steht für Taggenau, *2* steht für Taggenau/360, *3* für Taggenau/365 und *4* steht für Europa 30/360 (siehe auch Seite 97). |

- Datumsangaben sollten mithilfe der Funktion *DATUM* oder als Ergebnisse anderer Formeln oder Funktionen eingegeben werden (siehe Seite 47).

- *Abrechnung*, *Fälligkeit* und *Basis* werden zu ganzen Zahlen gekürzt, indem ihre Nachkommastellen abgeschnitten werden.
- Ist *Abrechnung* oder *Fälligkeit* kein zulässiges Datum, gibt *KURSDISAGIO* den Fehlerwert *#WERT!* zurück.
- Wenn *Disagio* ≤ 0 oder *Rückzahlung* ≤ 0, *Basis* < 0 oder *Basis* > 4 oder *Abrechnung* ≥ *Fälligkeit* ist, gibt *KURSDISAGIO* den Fehlerwert *#ZAHL!* zurück.

**Beispiel** Als Basis zur Berechnung des Kurses pro 100 € Nennwert benötigen Sie den Abrechnungstermin, den Fälligkeitstermin, das Disagio und den Rückzahlungswert (Abbildung 4-14). Beispielsweise wird ein Wertpapier am 16.02.2011 gekauft, der Fälligkeitstermin ist der 01.03.2011. Das Disagio beträgt 5,5 %. Der Rückzahlungswert ist 100,00 €. Bei Anwendung von *Basis 2* ergibt sich ein Kursdisagio von 99,80 %.

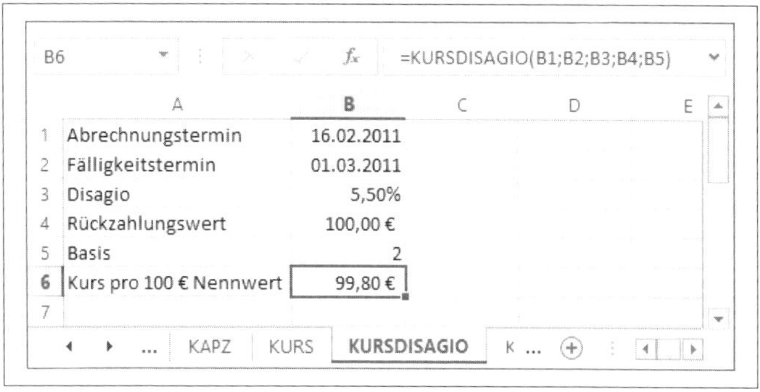


*Abbildung 4-14: Der Kurs pro 100 € Nennwert wird berechnet.*

**Ähnliche und verwandte Funktionen** Die Funktion *RENDITEDIS* liefert die jährliche Rendite eines unverzinslichen Wertpapiers, das mit einem Disagio – also einem Abschlag – ausgegeben wird (Seite 118).

## RENDITEDIS(Abrechnung; Fälligkeit; Kurs; Rückzahlung; [Basis])

Die Funktion *RENDITEDIS* liefert die jährliche Rendite eines unverzinslichen Wertpapiers, das mit einem Disagio – also einem

Abschlag – ausgegeben wird. Beispiele finden Sie bei den Finanzierungsschätzen des Bundes.

| | |
|---|---|
| *Abrechnung* | Ist der Abrechnungstermin des Wertpapierkaufs. |
| *Fälligkeit* | Ist der Fälligkeitstermin. |
| *Kurs* | Ist der Kurs pro 100 € Nennwert. |
| *Rückzahlung* | Ist der Rückzahlungswert pro 100 € Nennwert. |
| *Basis* | Gibt an, wie die Zinstage gezählt werden. *0* (oder nicht angegeben) steht für USA (NASD) 30/360, *1* steht für Taggenau, *2* steht für Taggenau/360, *3* für Taggenau/365 und *4* steht für Europa 30/360 (siehe auch Seite 97). |

Die folgenden Bedingungen liefern den Fehlerwert *#ZAHL!*: *Kurs* ≤ 0 oder *Rückzahlung* ≤ 0, *Basis* < 0 oder *Basis* > 4 oder *Abrechnung* ≥ *Fälligkeit*.

**Beispiel** Als Basis zur Berechnung der jährlichen Rendite benötigen Sie den Abrechnungstermin, den Fälligkeitstermin, den Kurs pro 100 € Nennwert und den Rückzahlungswert (Abbildung 4-15). Hier ein Beispiel: Ein unverzinsliches Wertpapier wird am 25.01.2014 gekauft. Es ist am 25.11.2014 fällig. Der Kurs liegt bei 95,33 € pro 100 € Nennwert, der Rückzahlungswert liegt bei 100 €. Die *Basis* ist 2. Die Rendite beträgt dann 5,81 %.

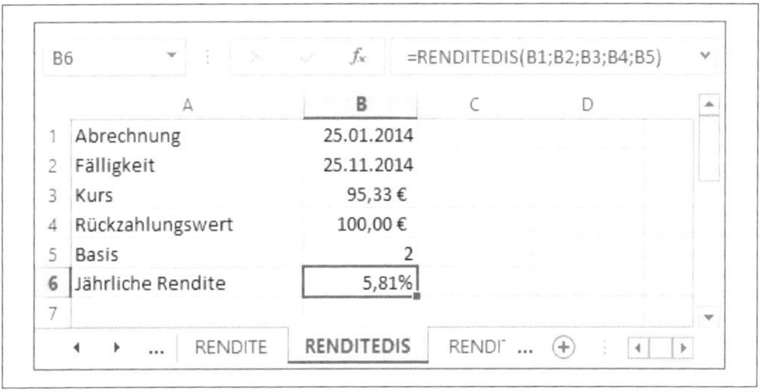


*Abbildung 4-15: Die jährliche Rendite eines unverzinslichen Wertpapiers wird berechnet.*

**Ähnliche und verwandte Funktionen** Die Funktion *KURSDISAGIO* berechnet den Ausgabekurs eines nicht verzinslichen Wertpapiers mit einem Nennwert von 100 € (Seite 117).

# Funktionen für gebrochene Perioden

Besondere Berechnungsmethoden müssen angewendet werden, wenn bei festverzinslichen Wertpapieren Anfangs- oder Endperiode gebrochen sind. Dafür gibt es vier spezielle Funktionen.

*Tabelle 4-6: Funktionen für gebrochene Perioden.*

| | |
|---|---|
| *UNREGER.KURS* | Gibt den Kurs pro 100 € Nennwert eines Wertpapiers mit einem unregelmäßigen ersten Zinstermin zurück. |
| *UNREGER.REND* | Gibt die Rendite eines Wertpapiers mit einem unregelmäßigen ersten Zinstermin zurück. |
| *UNREGLE.KURS* | Gibt den Kurs pro 100 € Nennwert eines Wertpapiers mit einem unregelmäßigen letzten Zinstermin zurück. |
| *UNREGLE.REND* | Gibt die Rendite eines Wertpapiers mit einem unregelmäßigen letzten Zinstermin zurück. |

## UNREGER.KURS(Abrechnung; Fälligkeit; Emission; Erster_Zinstermin; Zins; Rendite; Rückzahlung; Häufigkeit; [Basis])

Die Funktion *UNREGER.KURS* liefert den Kurswert eines fest verzinslichen Wertpapiers zum Nennwert 100 €, bei dem die erste Zinsperiode kürzer oder länger als die nachfolgenden regelmäßigen Perioden ausfällt. Die Berechnung ist nur in dieser ersten Periode anwendbar. Diese Funktion finden Sie praktisch nur im US-amerikanischen Bereich. Eine Übertragbarkeit auf Europa ist nur bedingt möglich.

| | |
|---|---|
| *Abrechnung* | Ist der Abrechnungstermin des Wertpapierkaufs. Das ist das Datum, zu dem ein Käufer eine Anleihe erwirbt. |
| *Fälligkeit* | Ist der Fälligkeitstermin. |
| *Emission* | Ist das Datum der Wertpapieremission. |
| *Erster_Zinstermin* | Ist der erste Zinstermin. |

| | |
|---|---|
| *Zins* | Ist der Zinssatz. |
| *Rendite* | Ist die jährliche Rendite. |
| *Rückzahlung* | Ist der Rückzahlungswert pro 100 € Nennwert. |
| *Häufigkeit* | Ist die Anzahl der Zinszahlungen pro Jahr. *1* steht für jährlich, *2* für halbjährlich und *4* für vierteljährlich. |
| *Basis* | Gibt an, wie die Zinstage gezählt werden. *0* (oder nicht angegeben) steht für USA (NASD) 30/360, *1* steht für Taggenau, *2* steht für Taggenau/360, *3* für Taggenau/365 und *4* steht für Europa 30/360 (siehe auch Seite 97). |

- *Abrechnung*, *Fälligkeit*, *Emission*, *Erster_Zinstermin* und *Basis* werden zu ganzen Zahlen gekürzt, indem ihre Nachkommastellen abgeschnitten werden.
- Ist *Abrechnung*, *Fälligkeit*, *Emission* oder *Erster_Zinstermin* kein zulässiges Datum, liefert *UNREGER.KURS* den Fehlerwert *#WERT!*.
- Der Fehlerwert *#ZAHL!* erscheint, wenn *Zins* < 0 oder *Rendite* < 0, *Basis* < 0 oder *Basis* > 4 ist. Außerdem muss bezüglich der Datumsangaben die folgende Bedingung erfüllt sein: *Fälligkeit* > *Erster_Zinstermin* > *Abrechnung* > *Emission*. Andernfalls liefert *UNREGER.KURS* ebenfalls den Fehlerwert *#ZAHL!*.

**Beispiel** Angenommen, Sie wollen den Kaufpreis eines festverzinslichen Wertpapiers mit gebrochener – kurzer oder langer – Anfangsperiode kontrollieren. Als Daten benötigen Sie den Abrechnungstermin, den Fälligkeitstermin, das Ausgabedatum, den ersten Zinstermin, den Kuponzinssatz, die Rendite, den Rückzahlungswert und die Häufigkeit der Zahlung der Zinsen. Mit diesen Daten können Sie den Kaufpreis berechnen (Abbildung 4-16).

**Weitere Details** Die Vorgehensweise zur Berechnung von *UNREGER.KURS* ist recht komplex. Beachten Sie, dass die Funktion zum einen über eine bestimmte Vorschrift für den Kurs bei einem unregelmäßigen ersten Zinstermin (kurz) verfügt. Eine weitere Vorschrift verwendet die Funktion für den Kurs bei einem unregelmäßigen ersten Zinstermin (lang). Wenn Sie an den Details interessiert sein sollten, befragen Sie die Programmhilfe (siehe auch Seite 10).

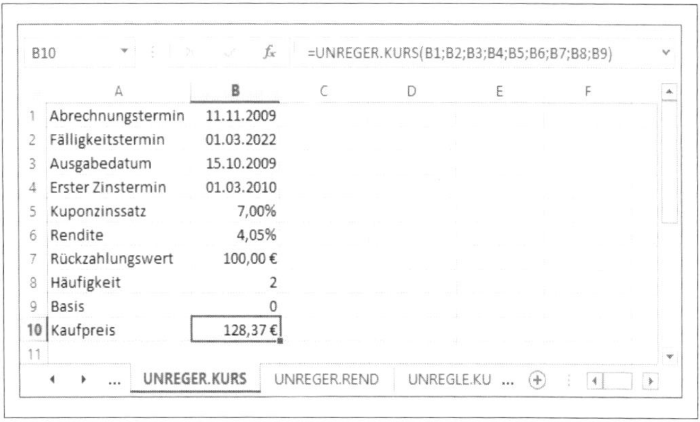


*Abbildung 4-16: Der Kaufpreis wurde berechnet.*

### Ähnliche und verwandte Funktionen

- *UNREGER.REND* liefert die Rendite eines festverzinslichen Wertpapiers mit gebrochener Anfangsperiode (Seite 122).
- *UNREGLE.KURS* liefert den Kurswert eines fest verzinslichen Wertpapiers zum Nennwert 100 € in der letzten Zinsperiode, wenn deren Länge sich von den vorhergehenden regelmäßigen Perioden unterscheidet (Seite 124).
- *UNREGLE.REND* berechnet die Rendite eines fest verzinslichen Wertpapiers in der letzten Zinsperiode, wenn deren Länge sich von den vorhergehenden regelmäßigen Perioden unterscheidet (Seite 126).

## UNREGER.REND(Abrechnung; Fälligkeit; Emission; Erster_ Zinstermin; Zins; Kurs; Rückzahlung; Häufigkeit; [Basis])

Die Funktion *UNREGER.REND* liefert die Rendite eines festverzinslichen Wertpapiers mit gebrochener (kurzer oder langer) Anfangsperiode. Auch diese Funktion finden Sie praktisch nur im US-amerikanischen Bereich. Eine Übertragbarkeit auf Europa ist nur bedingt möglich.

| | |
|---|---|
| *Abrechnung* | Ist der Abrechnungstermin des Wertpapierkaufs. Das ist das Datum, an dem ein Käufer eine Anleihe erwirbt. |
| *Fälligkeit* | Ist der Fälligkeitstermin. |
| *Emission* | Ist das Datum der Wertpapieremission. |
| *Erster_Zinstermin* | Ist der erste Zinstermin. |
| *Zins* | Ist der Zinssatz. |
| *Kurs* | Ist der Kurs. |
| *Rückzahlung* | Ist der Rückzahlungswert pro 100 € Nennwert. |
| *Häufigkeit* | Ist die Anzahl der Zinszahlungen pro Jahr. *1* steht für *jährlich*, *2* für *halbjährlich* und *4* für *vierteljährlich*. |
| *Basis* | Gibt an, wie die Zinstage gezählt werden. *0* (oder nicht angegeben) steht für USA (NASD) 30/360, *1* steht für Taggenau, *2* steht für Taggenau/360, *3* für Taggenau/365 und *4* steht für Europa 30/360 (siehe auch Seite 97). |

- Datumsangaben sollten mithilfe der Funktion *DATUM* oder als Ergebnisse anderer Formeln oder Funktionen eingegeben werden (siehe Seite 47).
- *Abrechnung*, *Fälligkeit*, *Emission*, *Erster_Zinstermin* und *Basis* werden zu ganzen Zahlen gekürzt, indem ihre Nachkommastellen abgeschnitten werden.
- Ist *Abrechnung*, *Fälligkeit*, *Emission* oder *Erster_Zinstermin* kein zulässiges Datum, gibt *UNREGER.REND* den Fehlerwert *#WERT!* zurück.
- Der Fehlerwert *#ZAHL!* entsteht, wenn *Zins* < 0 oder *Kurs* ≤ 0, *Basis* < 0 oder *Basis* > 4 ist. Bezüglich der Datumsangaben muss außerdem die folgende Bedingung erfüllt sein: *Fälligkeit > Erster_Zinstermin > Abrechnung > Emission.* Andernfalls gibt *UNREGER.REND* ebenfalls den Fehlerwert *#ZAHL!* zurück.

Excel nutzt zur Berechnung von *UNREGER.REND* ein Iterationsverfahren. Diese Funktion verwendet die Newton-Methode auf Basis der Formel, die für die Funktion *UNREGER.KURS* verwendet wird. Die Rendite wird in bis zu 100 Iterationsschritten so lange geändert, bis der berechnete Kurs – der Kaufpreis – bei der vorgegebenen Rendite dem Kurs nahekommt (siehe auch Seite 47).

**Beispiel** Zur Berechnung der Rendite eines festverzinslichen Wertpapiers mit gebrochener (kurzer oder langer) Anfangsperiode benutzen Sie die Funktion *UNREGER.REND* (Abbildung 4-17). Verwenden Sie das folgende Beispiel: Der Abrechnungstermin ist der 11.11.2010, der Fälligkeitstermin der 01.03.2021 und der erste Zinstermin der 01.03.2011. Der Zinssatz beläuft sich auf 7,75 %, der Kurs ist 86,50 €, der Rückzahlungswert beträgt 100,00 €, die Häufigkeit der Zahlungen ist 2 und die Basis 0.

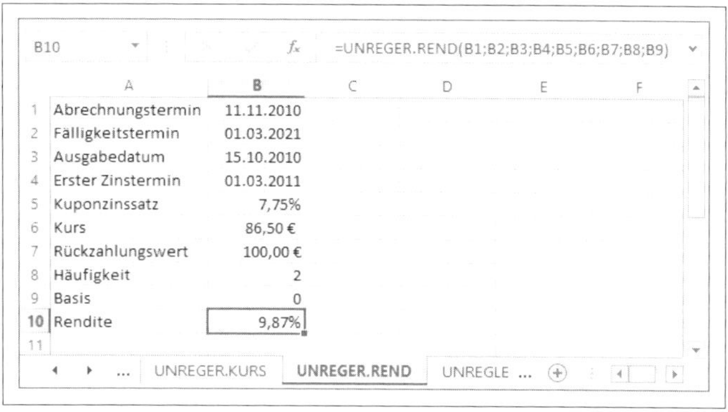
B10 =UNREGER.REND(B1;B2;B3;B4;B5;B6;B7;B8;B9)

| | A | B |
|---|---|---|
| 1 | Abrechnungstermin | 11.11.2010 |
| 2 | Fälligkeitstermin | 01.03.2021 |
| 3 | Ausgabedatum | 15.10.2010 |
| 4 | Erster Zinstermin | 01.03.2011 |
| 5 | Kuponzinssatz | 7,75% |
| 6 | Kurs | 86,50 € |
| 7 | Rückzahlungswert | 100,00 € |
| 8 | Häufigkeit | 2 |
| 9 | Basis | 0 |
| 10 | Rendite | 9,87% |



*Abbildung 4-17: Die Rendite wird mit 9,87 % berechnet.*

## Ähnliche und verwandte Funktionen

- *UNREGER.KURS* liefert den Kurswert eines fest verzinslichen Wertpapiers zum Nennwert 100 €, bei dem die erste Zinsperiode kürzer oder länger als die nachfolgenden regelmäßigen Perioden ausfällt (Seite 120).
- *UNREGLE.KURS* liefert den Kurswert eines fest verzinslichen Wertpapiers zum Nennwert 100 € in der letzten Zinsperiode, wenn deren Länge sich von den vorhergehenden regelmäßigen Perioden unterscheidet (Seite 124).
- *UNREGLE.REND* berechnet die Rendite eines fest verzinslichen Wertpapiers in der letzten Zinsperiode, wenn deren Länge sich von den vorhergehenden regelmäßigen Perioden unterscheidet (Seite 126).

### UNREGLE.KURS(Abrechnung; Fälligkeit; Letzter_Zinstermin; Zins; Rendite; Rückzahlung; Häufigkeit; [Basis])

Die Funktion *UNREGLE.KURS* liefert den Kurswert eines fest verzinslichen Wertpapiers zum Nennwert 100 € in der letzten Zinsperiode, wenn deren Länge sich von den vorhergehenden regelmäßigen Perioden unterscheidet. Sie gibt den Kurs pro 100 € Nennwert eines Wertpapiers mit einem unregelmäßigen letzten Zinstermin zurück. Die Berechnung ist nur in dieser letzten Periode anwendbar. Diese Funktion finden Sie wiederum praktisch nur im US-amerikanischen Bereich. Eine Übertragbarkeit auf Europa ist nur bedingt möglich.

| | |
|---|---|
| *Abrechnung* | Ist der Abrechnungstermin des Wertpapierkaufs. Das ist das Datum, an dem ein Käufer eine Anleihe erwirbt. |
| *Fälligkeit* | Ist der Fälligkeitstermin. |
| *Letzter_Zinstermin* | Ist der letzte Zinstermin vor dem Abrechnungstermin. |
| *Zins* | Ist der Zinssatz. |
| *Rendite* | Ist die jährliche Rendite. |
| *Rückzahlung* | Ist der Rückzahlungswert pro 100 € Nennwert. |
| *Häufigkeit* | Ist die Anzahl der Zinszahlungen pro Jahr. *1* steht für *jährlich*, *2* für *halbjährlich* und *4* für *vierteljährlich*. |
| *Basis* | Gibt an, wie die Zinstage gezählt werden. *0* (oder nicht angegeben) steht für USA (NASD) 30/360, *1* steht für Taggenau, *2* steht für Taggenau/360, *3* für Taggenau/365 und *4* steht für Europa 30/360 (siehe auch Seite 97). |

- Datumsangaben müssen unter Verwendung der Funktion *DATUM* oder als Ergebnisse anderer Formeln oder Funktionen eingegeben werden (siehe Seite 47).
- *Abrechnung*, *Fälligkeit*, *Letzter_Zinstermin* und *Basis* werden zu ganzen Zahlen gekürzt, indem ihre Nachkommastellen abgeschnitten werden.
- Ist *Abrechnung*, *Fälligkeit* oder *Letzter_Zinstermin* kein zulässiges Datum, gibt *UNREGLE.KURS* den Fehlerwert *#WERT!* zurück.

- Der Fehlerwert *#ZAHL!* entsteht, wenn *Zins* < 0 oder *Rendite* < 0 ist, *Basis* < 0 oder *Basis* > 4 ist.
- Bezüglich der Datumsangaben muss außerdem die folgende Bedingung erfüllt sein: *Fälligkeit* > *Abrechnung* > *Letzter_Zinstermin*. Andernfalls gibt *UNREGLE.KURS* ebenfalls den Fehlerwert *#ZAHL!* zurück.

**Beispiel** Zur Berechnung der Rendite eines festverzinslichen Wertpapiers mit gebrochener – also kurzer oder langer – letzter Periode benutzen Sie die Funktion *UNREGLE.KURS* (Abbildung 4-18). Wieder ein Beispiel: Abrechnungstermin ist der 07.02.2010, Fälligkeitstermin der 15.06.2010, der letzte Zinstermin 15.10.2009. Der Zinssatz beträgt 3,75 %, die Rendite 5,10 %, der Rückzahlungswert 100 €, die Häufigkeit der Zahlungen ist halbjährlich und die Basis ist *0*.

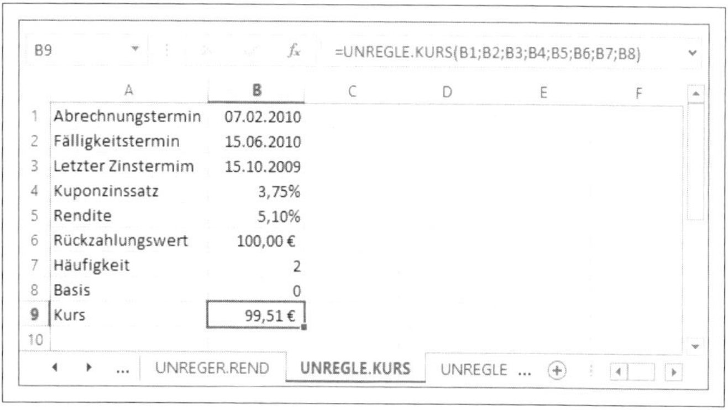


*Abbildung 4-18: Der Kurs wird mit 99,51 € berechnet.*

## Ähnliche und verwandte Funktionen

- *UNREGER.KURS* liefert den Kurswert eines fest verzinslichen Wertpapiers zum Nennwert 100 €, bei dem die erste Zinsperiode kürzer oder länger als die nachfolgenden regelmäßigen Perioden ausfällt (Seite 120).
- *UNREGER.REND* liefert die Rendite eines festverzinslichen Wertpapiers mit gebrochener Anfangsperiode (Seite 122).

- *UNREGLE.REND* berechnet die Rendite eines fest verzinslichen Wertpapiers in der letzten Zinsperiode, wenn deren Länge sich von den vorhergehenden regelmäßigen Perioden unterscheidet (Seite 126).

## UNREGLE.REND(Abrechnung; Fälligkeit; Letzter_Zinstermin; Zins; Kurs; Rückzahlung; Häufigkeit; [Basis])

Die Funktion *UNREGLE.REND* berechnet die Rendite eines fest verzinslichen Wertpapiers in der letzten Zinsperiode, wenn deren Länge sich von den vorhergehenden regelmäßigen Perioden unterscheidet. Die Berechnung ist auch nur in dieser letzten Periode anwendbar. Auch diese Funktion finden Sie praktisch nur im US-amerikanischen Bereich. Eine Übertragbarkeit auf Europa ist nur bedingt möglich.

| | |
|---|---|
| *Abrechnung* | Ist der Abrechnungstermin des Wertpapierkaufs. |
| *Fälligkeit* | Ist der Fälligkeitstermin. |
| *Emission* | Ist das Datum der Wertpapieremission. |
| *Erster_Zinstermin* | Ist der erste Zinstermin des Wertpapiers. |
| *Zins* | Ist der Zinssatz. |
| *Kurs* | Ist der Kurs. |
| *Rückzahlung* | Ist der Rückzahlungswert pro 100 € Nennwert. |
| *Häufigkeit* | Ist die Anzahl der Zinszahlungen pro Jahr. *1* steht für *jährlich*, *2* für *halbjährlich* und *4* für *vierteljährlich*. |
| *Basis* | Gibt an, wie die Zinstage gezählt werden. *0* (oder nicht angegeben) steht für USA (NASD) 30/360, *1* steht für Taggenau, *2* steht für Taggenau/360, *3* für Taggenau/365 und *4* steht für Europa 30/360 (siehe auch Seite 97). |

- *Abrechnung*, *Fälligkeit*, *Emission*, *Erster_Zinstermin* und *Basis* werden zu ganzen Zahlen gekürzt, indem ihre Nachkommastellen abgeschnitten werden.
- Ist *Abrechnung*, *Fälligkeit*, *Emission* oder *Erster_Zinstermin* kein zulässiges Datum, gibt *UNREGER.REND* den Fehlerwert *#WERT!* zurück.

- Folgende Bedingungen erzeugen den Fehlerwert *#ZAHL!*: *Zins* < 0 oder *Kurs* ≤ 0, *Basis* < 0 oder *Basis* > 4. Bezüglich der Datumsangaben muss die folgende Bedingung erfüllt sein: *Fälligkeit* > *Erster_Zinstermin* > *Abrechnung* > *Emission.*

Excel nutzt zur Berechnung von *UNREGER.REND* ein Iterationsverfahren. Diese Funktion verwendet die so genannte Newton-Methode auf Basis der Formel, die für die Funktion *UNREGER.KURS* verwendet wird. Die Rendite wird in bis zu 100 Iterationsschritten so lange geändert, bis der berechnete Kurs bei der vorgegebenen Rendite dem Kurs nahekommt (siehe auch Seite 47).

**Beispiel** Zur Berechnung der Rendite eines festverzinslichen Wertpapiers mit einer letzten gebrochenen – entweder kurzen oder langen – Periode benutzen Sie die Funktion *UNREGLE.REND* (Abbildung 4-19).

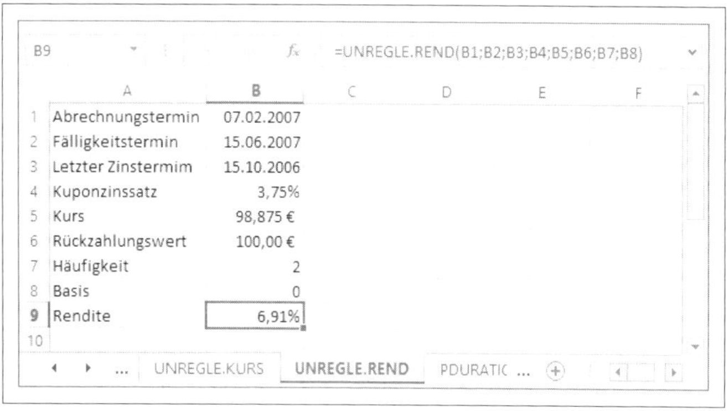


*Abbildung 4-19: Die Rendite wird berechnet mit 6,91 %.*

## Ähnliche und verwandte Funktionen

- *UNREGER.KURS* liefert den Kurswert eines fest verzinslichen Wertpapiers zum Nennwert 100 €, bei dem die erste Zinsperiode kürzer oder länger als die nachfolgenden regelmäßigen Perioden ausfällt (Seite 120).

- *UNREGER.REND* liefert die Rendite eines festverzinslichen Wertpapiers mit gebrochener Anfangsperiode (Seite 122).
- *UNREGLE.KURS* liefert den Kurswert eines fest verzinslichen Wertpapiers zum Nennwert 100 € in der letzten Zinsperiode, wenn deren Länge sich von den vorhergehenden regelmäßigen Perioden unterscheidet (Seite 124).

# Terminfunktionen

Mehrere Funktionen erlauben die Berechnung der Zeitdauer zwischen Eckterminen sowie der Ecktermine selbst. Sie können damit beispielsweise das Datum für einen Zinstermin oder den Abrechnungstermin anzeigen lassen.

*Tabelle 4-7: Terminfunktionen*

| | |
|---|---|
| *ZINSTERMNZ* | Gibt das Datum des ersten Zinstermins nach dem Abrechnungstermin zurück. |
| *ZINSTERMTAGE* | Gibt die Anzahl der Tage der Zinsperiode zurück, die den Abrechnungstermin einschließt. |
| *ZINSTERMTAGNZ* | Gibt die Anzahl der Tage vom Abrechnungstermin bis zum nächsten Zinstermin zurück. |
| *ZINSTERMTAGVA* | Gibt die Anzahl der Tage vom Anfang des Zinstermins bis zum Abrechnungstermin zurück. |
| *ZINSTERMVZ* | Gibt das Datum des letzten Zinstermins vor dem Abrechnungstermin zurück. |
| *ZINSTERMZAHL* | Gibt die Anzahl der Zinstermine zwischen Abrechnungs- und Fälligkeitsdatum zurück. |

## ZINSTERMNZ(Abrechnung; Fälligkeit; Häufigkeit; [Basis])

Die Funktion *ZINSTERMNZ* errechnet das Datum der ersten Zinsausschüttung nach dem Kauf des verzinslichen Wertpapiers.

| | |
|---|---|
| *Abrechnung* | Ist der Abrechnungstermin des Wertpapierkaufs. |
| *Fälligkeit* | Ist der Fälligkeitstermin. |
| *Häufigkeit* | Ist die Anzahl der Zinszahlungen pro Jahr. *1* steht für *jährlich*, *2* für *halbjährlich* und *4* für *vierteljährlich*. |

| *Basis* | Gibt an, wie die Zinstage gezählt werden. *0* (oder nicht angegeben) steht für USA (NASD) 30/360, *1* steht für Taggenau, *2* steht für Taggenau/360, *3* für Taggenau/365 und *4* steht für Europa 30/360 (siehe auch Seite 97). |
|---|---|

- Der Abrechnungstermin ist das Datum, an dem ein Käufer eine Anleihe erwirbt. Der Fälligkeitstermin ist das Datum, an dem die Anleihe fällig ist. Angenommen, eine Anleihe mit einer 30-jährigen Laufzeit wird am 1. Januar 2008 emittiert und von einem Käufer sechs Monate später erworben. Das Datum der Emission ist somit der 1. Januar 2008, der Abrechnungstermin der 01.07.2008 und der Fälligkeitstermin der 1. Januar 2038, d.h. 30 Jahre nach dem 1. Januar 2008, dem Datum der Emission.
- Alle Argumente werden durch Abschneiden der Nachkommastellen zu ganzen Zahlen gekürzt.
- Ist *Abrechnung* oder *Fälligkeit* kein zulässiges Datum, gibt *ZINSTERMTAGNZ* den Fehlerwert *#WERT!* zurück.
- Ist *Häufigkeit* nicht mit einer der Zahlen 1, 2 oder 4 belegt, gibt *ZINSTERMTAGNZ* den Fehlerwert *#ZAHL!* zurück.
- Ist *Basis* < 0 oder ist *Basis* > 4, gibt *ZINSTERMTAGNZ* den Fehlerwert *#ZAHL!* zurück.
- Ist *Abrechnung* ≥ *Fälligkeit*, gibt *ZINSTERMTAGNZ* den Fehlerwert *#ZAHL!* zurück.

**Beispiel** Angenommen, Sie wollen wissen, wie das Datum des ersten Zinstermins nach dem Abrechnungstermin lautet. Der Abrechnungstermin ist der 25.01.2014, der Fälligkeitstermin der 25.11.2014 und die Zahlungshäufigkeit 2. Mit der Funktion *ZINSTERMNZ* ermitteln Sie das Datum des ersten Zinstermins als den 25.05.2014 (Abbildung 4-20).

**Ähnliche und verwandte Funktionen** Beachten Sie auch die anderen Terminfunktionen: *ZINSTERMTAGE* für die Anzahl der Tage der Zinsperiode, die den Abrechnungstermin einschließt, *ZINSTERMTAGNZ* für die Anzahl der Tage vom Abrechnungstermin bis zum nächsten Zinstermin, *ZINSTERMTAGVA* für die Anzahl der Tage vom Anfang des Zinstermins bis zum Abrechnungstermin, *ZINSTERMVZ* für das Datum des letzten Zinstermins vor dem Abrechnungstermin und *ZINSTERMZAHL* für die Anzahl der Zinstermine zwischen Abrechnungs- und Fälligkeitsdatum.

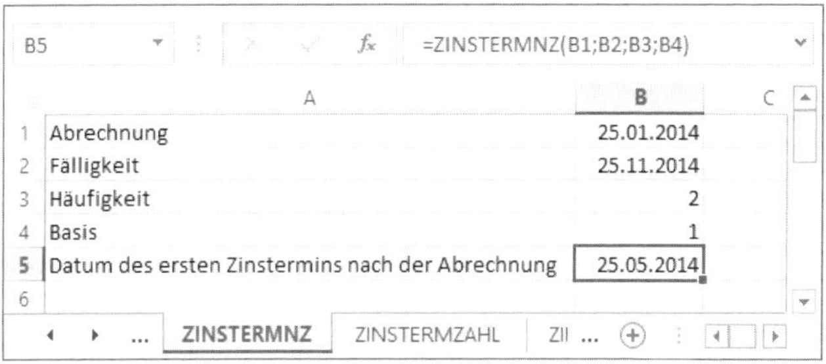


*Abbildung 4-20: Das Datum des ersten Zinstermins nach dem Abrechnungstermin.*

## ZINSTERMTAGE(Abrechnung; Fälligkeit; Häufigkeit; [Basis])

Die Funktion *ZINSTERMTAGE* liefert die Anzahl der Tage der Zinsperiode, in die der Abrechnungszeitpunkt fällt.

| | |
|---|---|
| *Abrechnung* | Ist der Abrechnungstermin des Wertpapierkaufs. |
| *Fälligkeit* | Ist der Fälligkeitstermin. |
| *Häufigkeit* | Ist die Anzahl der Zinszahlungen pro Jahr. *1* steht für *jährlich*, *2* für *halbjährlich* und *4* für *vierteljährlich*. |
| *Basis* | Gibt an, wie die Zinstage gezählt werden. *0* (oder nicht angegeben) steht für USA (NASD) 30/360, *1* steht für Taggenau, *2* steht für Taggenau/360, *3* für Taggenau/365 und *4* steht für Europa 30/360 (siehe auch Seite 97). |

- Alle Argumente werden durch Abschneiden der Nachkommastellen zu ganzen Zahlen gekürzt.
- Ist *Abrechnung* oder *Fälligkeit* kein zulässiges Datum, gibt *ZINSTERMTAGE* den Fehlerwert *#WERT!* zurück.
- Der Fehlerwert *#ZAHL!* wird erzeugt, wenn *Häufigkeit* nicht mit einer der Zahlen 1, 2 oder 4 belegt ist, wenn *Basis* < 0 oder *Basis* > 4 ist oder wenn *Abrechnung* = *Fälligkeit* ist.

**Beispiel** Wenn Sie bestimmen wollen, wie viele Tage eine Zinsperiode einschließt, benutzen Sie *ZINSTERMTAGE*. Bei einem Abrechnungstermin am 25.01.2014, einem Fälligkeitstermin am 25.11. 2014 und 2 Kuponzinszahlungen ist die Periode 181 Tage lang (Abbildung 4-21).

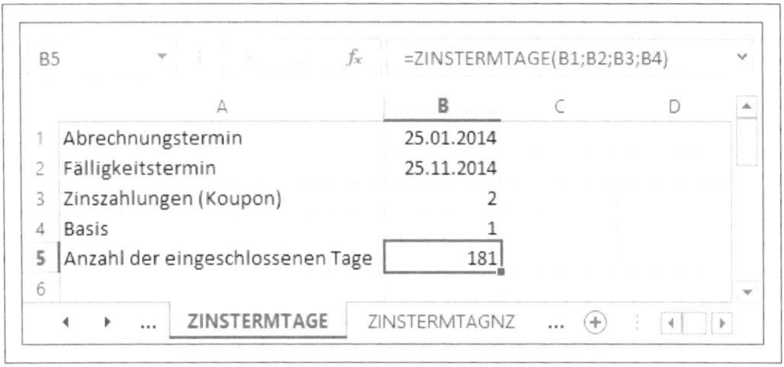


*Abbildung 4-21: Die Zinsperiode beinhaltet 181 Tage.*

**Ähnliche und verwandte Funktionen** Beachten Sie auch die anderen Terminfunktionen: *ZINSTERMNZ*, *ZINSTERMTAGNZ*, *ZINSTERMTAGVA*, *ZINSTERMVZ* und *ZINSTERMZAHL*.

## ZINSTERMTAGNZ(Abrechnung; Fälligkeit; Häufigkeit; [Basis])

Die Funktion *ZINSTERMTAGNZ* liefert die Anzahl der Tage vom Abrechnungstermin bis zum nächsten Zinstermin bzw. Kauftermin bis zum ersten Zinstermin.

| | |
|---|---|
| *Abrechnung* | Ist der Abrechnungstermin des Wertpapierkaufs. Der Abrechnungstermin des Wertpapierkaufs ist das Datum nach der Wertpapieremission, wenn das Wertpapier in den Besitz des Käufers übergeht. |
| *Fälligkeit* | Ist der Fälligkeitstermin. Dabei handelt es sich um den Zeitpunkt, zu dem das Wertpapier abläuft. |
| *Häufigkeit* | Ist die Anzahl der Zinszahlungen pro Jahr. *1* steht für *jährlich*, *2* für *halbjährlich* und *4* für *vierteljährlich*. |
| *Basis* | Gibt an, wie die Zinstage gezählt werden. *0* (oder nicht angegeben) steht für USA (NASD) 30/360, *1* steht für Taggenau, *2* steht für Taggenau/360, *3* für Taggenau/365 und *4* steht für Europa 30/360 (siehe auch Seite 97). |

- Alle Argumente werden durch Abschneiden der Nachkommastellen zu ganzen Zahlen gekürzt.
- Ist *Abrechnung* oder *Fälligkeit* kein zulässiges Datum, gibt *ZINSTERMTAGNZ* den Fehlerwert *#WERT!* zurück.
- Ist *Häufigkeit* nicht mit einer der Zahlen 1, 2 oder 4 belegt, gibt *ZINSTERMTAGNZ* den Fehlerwert *#ZAHL!* zurück.
- Ist *Basis* < 0 oder ist *Basis* > 4, gibt *ZINSTERMTAGNZ* den Fehlerwert *#ZAHL!* zurück.
- Ist *Abrechnung* ≥ *Fälligkeit*, gibt *ZINSTERMTAGNZ* den Fehlerwert *#ZAHL!* zurück.

**Beispiel** Sie können auch die Anzahl der Tage vom Abrechnungstermin bis zum nächsten Zinstermin ermitteln. Angenommen, der Abrechnungstermin ist der 25.01.2014, der Fälligkeitstermin der 25.11.2014. Sie arbeiten mit 2 Kuponzinszahlungen. Die Anzahl der Tage bis zum nächsten Termin beträgt dann 120 (Abbildung 4-22).

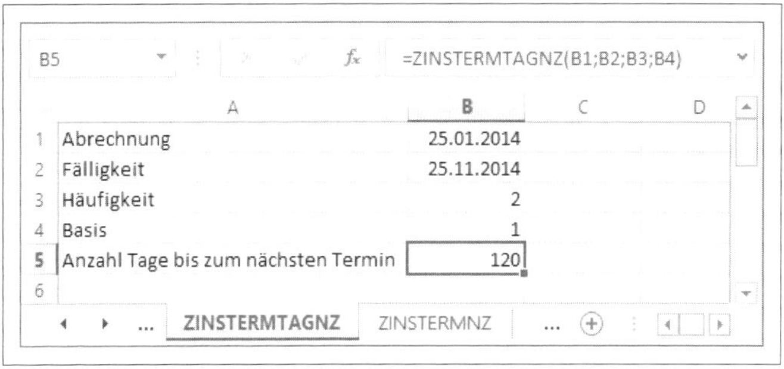


*Abbildung 4-22: Die Anzahl der Tage bis zum nächsten Termin ist 120.*

**Ähnliche und verwandte Funktionen** Beachten Sie auch die anderen Terminfunktionen: *ZINSTERMNZ*, *ZINSTERMTAGE*, *ZINSTERMTAGVA*, *ZINSTERMVZ* und *ZINSTERMZAHL*.

### ZINSTERMTAGVA(Abrechnung; Fälligkeit; Häufigkeit; [Basis])

Die Funktion *ZINSTERMTAGVA* berechnet die Tage vom letzten Zinstermin vor der Abrechnung bis zur Abrechnung.

| | |
|---|---|
| *Abrechnung* | Ist der Abrechnungstermin des Wertpapierkaufs. |
| *Fälligkeit* | Ist der Fälligkeitstermin. |
| *Häufigkeit* | Ist die Anzahl der Zinszahlungen pro Jahr. *1* steht für *jährlich*, *2* für *halbjährlich* und *4* für *vierteljährlich*. |
| *Basis* | Gibt an, wie die Zinstage gezählt werden. *0* (oder nicht angegeben) steht für USA (NASD) 30/360, *1* steht für Taggenau, *2* steht für Taggenau/360, *3* für Taggenau/365 und *4* steht für Europa 30/360 (siehe auch Seite 97). |

- Datumsangaben sollten mithilfe der Funktion *DATUM* oder als Ergebnisse anderer Formeln oder Funktionen eingegeben werden (siehe Seite 47).
- Der Abrechnungstermin ist das Datum, zu dem ein Käufer eine Anleihe erwirbt. Der Fälligkeitstermin ist das Datum, zu dem die Anleihe fällig ist.
- Alle Argumente werden durch Abschneiden der Nachkommastellen zu ganzen Zahlen gekürzt.
- Ist *Abrechnung* oder *Fälligkeit* kein zulässiges Datum, gibt *ZINSTERMTAGVA* den Fehlerwert *#WERT!* zurück.
- Ist *Häufigkeit* nicht mit einer der Zahlen 1, 2 oder 4 belegt, gibt *ZINSTERMTAGVA* den Fehlerwert *#ZAHL!* zurück.
- Auch wenn *Basis* < 0 oder *Basis* > 4 oder *Abrechnung* ≥ *Fälligkeit* ist, gibt *ZINSTERMTAGVA* den Fehlerwert *#ZAHL!* zurück.

**Beispiel** Angenommen, der Abrechnungstermin ist der 25.01.2014, der Fälligkeitstermin der 25.11.2014. Sie arbeiten mit 2 Kuponzinszahlungen. Die Funktion *ZINSTERMTAGVA* berechnet die Anzahl der Tage vom Anfang des Zinstermins bis zum Abrechnungstermin mit 61 (Abbildung 4-23).

**Ähnliche und verwandte Funktionen** Beachten Sie auch die anderen Terminfunktionen: *ZINSTERMNZ*, *ZINSTERMTAGE*, *ZINSTERMTAGNZ*, *ZINSTERMVZ* und *ZINSTERMZAHL*.

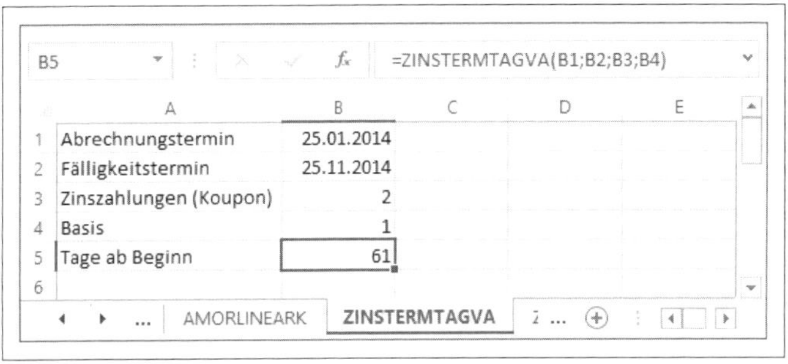


*Abbildung 4-23: Die Anzahl der Tage vom Anfang des Zinstermins bis zum Abrechnungstermin.*

## ZINSTERMVZ(Abrechnung; Fälligkeit; Häufigkeit; [Basis])

Die Funktion *ZINSTERMVZ* berechnet das Datum des letzten Zinstermins vor der Abrechnung.

| | |
|---|---|
| *Abrechnung* | Ist der Abrechnungstermin des Wertpapierkaufs. |
| *Fälligkeit* | Ist der Fälligkeitstermin. |
| *Häufigkeit* | Ist die Anzahl der Zinszahlungen pro Jahr. |
| *Häufigkeit* | Ist die Anzahl der Zinszahlungen pro Jahr. *1* steht für *jährlich*, *2* für *halbjährlich* und *4* für *vierteljährlich*. |
| *Basis* | Gibt an, wie die Zinstage gezählt werden. *0* (oder nicht angegeben) steht für USA (NASD) 30/360, *1* steht für Taggenau, *2* steht für Taggenau/360, *3* für Taggenau/365 und *4* steht für Europa 30/360 (siehe auch Seite 97). |

- Alle Argumente werden durch Abschneiden der Nachkommastellen zu ganzen Zahlen gekürzt.
- Ist *Abrechnung* oder *Fälligkeit* kein zulässiges Datum, gibt *ZINSTERMVZ* den Fehlerwert *#WERT!* zurück.

- Der Fehlerwert *#ZAHL!* wird erzeugt, wenn *Häufigkeit* nicht mit einer der Zahlen 1, 2 oder 4 belegt ist, *Basis* < 0 oder *Basis* > 4 oder aber *Abrechnung* ≥ *Fälligkeit* ist.

**Beispiel** Sie wollen das Datum des letzten Zinstermins vor dem Abrechnungstermin erfahren. Der Abrechnungstermin ist der 25.01.2014, der Fälligkeitstermin der 25.11.2014. Sie arbeiten mit 2 Kuponzinszahlungen. Die Funktion liefert als Ergebnis 25.11.2013 (Abbildung 4-24).

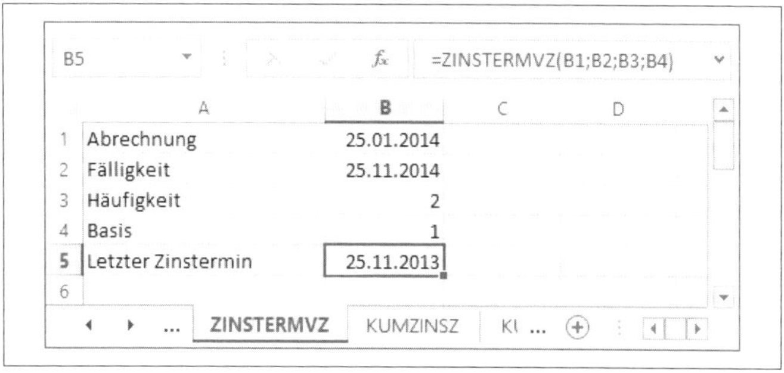


*Abbildung 4-24: Der letzte Zinstermin vor dem Abrechnungstermin.*

**Ähnliche und verwandte Funktionen** Beachten Sie auch die anderen Terminfunktionen: *ZINSTERMNZ, ZINSTERMTAGE, ZINSTERMTAGNZ, ZINSTERMTAGVA* und *ZINSTERMZAHL.*

## ZINSTERMZAHL(Abrechnung; Fälligkeit; Häufigkeit; [Basis])

Die Funktion *ZINSTERMZAHL* berechnet, wie viele Kupontermine zwischen dem jeweiligen Kauftermin und dem Fälligkeitstermin liegen, liefert also die Zahl der Zinstermine zwischen dem Kaufdatum und dem Fälligkeitsdatum. Das Ergebnis wird auf die nächste Ganzzahl aufgerundet.

| | |
|---|---|
| *Abrechnung* | Ist der Abrechnungstermin des Wertpapierkaufs. Das ist das Datum, an dem ein Käufer eine Anleihe erwirbt. |
| *Fälligkeit* | Ist der Fälligkeitstermin. |

| | |
|---|---|
| *Häufigkeit* | Ist die Anzahl der Zinszahlungen pro Jahr. *1* steht für *jährlich*, *2* für *halbjährlich* und *4* für *vierteljährlich*. |
| *Basis* | Gibt an, wie die Zinstage gezählt werden. *0* (oder nicht angegeben) steht für USA (NASD) 30/360, *1* steht für Taggenau, *2* steht für Taggenau/360, *3* für Taggenau/365 und *4* steht für Europa 30/360 (siehe auch Seite 97). |

- Alle Argumente werden durch Abschneiden der Nachkommastellen zu ganzen Zahlen gekürzt.
- Ist *Abrechnung* oder *Fälligkeit* kein zulässiges Datum, gibt *ZINSTERMZAHL* den Fehlerwert *#WERT!* zurück.
- Ist *Häufigkeit* nicht mit einer der Zahlen 1, 2 oder 4 belegt, gibt *ZINSTERMZAHL* den Fehlerwert *#ZAHL!* zurück. Dasselbe tritt ein, wenn *Basis* < 0 oder *Basis* > 4, oder wenn *Abrechnung* ≥ *Fälligkeit* ist.

**Beispiel** Sie wollen die Anzahl der Zinszahlungen erfahren. Der Abrechnungstermin ist der 25.01.2014, der Fälligkeitstermin der 25.11.2014. Sie arbeiten mit 2 Kuponzinszahlungen. Die Funktion *ZINSTERMZAHL* liefert das Ergebnis 2 (Abbildung 4-25).

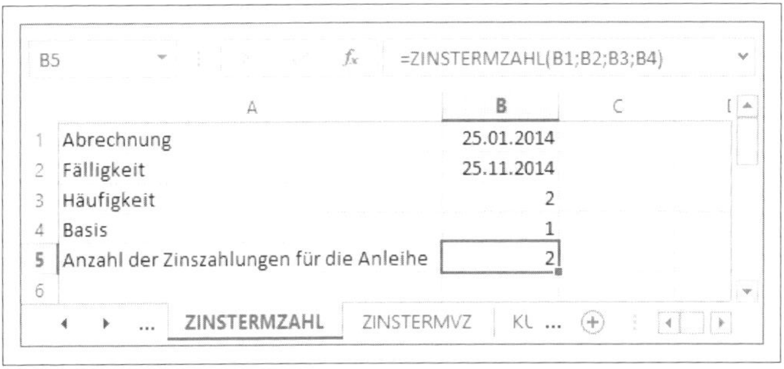


*Abbildung 4-25: Zwei Zinszahlungen stehen aus.*

**Ähnliche und verwandte Funktionen** Beachten Sie auch die anderen Terminfunktionen: *ZINSTERMNZ*, *ZINSTERMTAGE*, *ZINSTERMTAGNZ*, *ZINSTERMTAGVA* und *ZINSTERMVZ*.

## Funktionen für US-Schatzwechsel

Ein Schatzwechsel ist eine kurzfristige Schuldverschreibung, die zum Termin Abrechnung mit einem Abschlag von Abzinsungssatz – in Prozent auf ein Jahr umgerechnet – erworben wird und zum Fälligkeitstermin zum vollen Wert eingelöst wird. Abrechnung und Fälligkeit müssen im gleichen Jahr liegen. Schatzwechsel zählen zu den Geldmarktpapieren oder Liquiditätstiteln. Das sind spezielle Wertpapiere, in aller Regel abgezinste Schuldverschreibungen, die zur Beschaffung kurzfristiger Gelder ausgegeben werden. Damit sind sie Instrumente des Geldmarkts. Der Verkaufspreis errechnet sich aus dem Nominalwert abzüglich der für die Laufzeit insgesamt anfallenden Zinsen.

Drei Funktionen ermöglichen die Berechnung der Rendite eines US-Schatzwechsels sowie die Umrechnung auf eine jährliche Rendite. Das sind die Funktionen *TBILLÄQUIV* zur Umrechnung auf einfache jährliche Verzinsung, *TBILLKURS* zur Berechnung des Ausgabekurses für einen Schatzwechsel und *TBILLRENDITE* zur Berechnung der Rendite. Alle diese Funktionen benötigen mehrere Datumswerte. Die Werte sollten wiederum mithilfe der Funktion *DATUM* oder als Ergebnisse anderer Formeln oder Funktionen eingegeben werden (siehe Seite 47).

*Tabelle 4-8: Funktionen für US-Schatzwechsel*

| | |
|---|---|
| *TBILLÄQUIV* | Gibt die Rendite für das Wertpapier zurück. |
| *TBILLKURS* | Gibt den Kurs pro 100 € Nennwert des Wertpapiers zurück. |
| *TBILLRENDITE* | Gibt die Rendite für das Wertpapier zurück. |

### TBILLÄQUIV(Abrechnung; Fälligkeit; Disagio)

*TBILLÄQUIV* rechnet die Verzinsung eines Schatzwechsels in die für Anleihen übliche einfache jährliche Verzinsung um. Anders gesagt, die vorschüssige Verzinsung auf Basis von 360 Tagen für Schatzwechsel wird in die für Anleihen übliche nachschüssige Verzinsung auf der Basis von 365 Tagen umgewandelt. *TBILLÄQUIV* wird als *TBILLÄQUIV=(365*Disagio)/(360-(Disagio*DSM))* berechnet, wobei *DSM* die Anzahl der

Tage zwischen Abrechnung und Fälligkeit ist, die auf der Basis 360 Tage pro Jahr berechnet wird.

| | |
|---|---|
| *Abrechnung* | Ist der Abrechnungstermin des Schatzwechsels – dieser entspricht dem Zeitpunkt nach der Emission, an dem das Wertpapier in den Besitz des Käufers übergeht. |
| *Fälligkeit* | Ist der Fälligkeitstermin des Schatzwechsels – der Zeitpunkt, zu dem das Wertpapier abläuft. |
| *Disagio* | Ist das in Prozent ausgedrückte Disagio – der Abschlag – des Schatzwechsels. |

- Datumsangaben sollten unbedingt mithilfe der Funktion *DATUM* oder als Ergebnisse anderer Formeln oder Funktionen eingegeben werden (siehe Seite 47). Es können Probleme auftreten, wenn Datumsangaben als Text eingegeben werden.
- Ist *Abrechnung* oder *Fälligkeit* kein zulässiges Datum, gibt *TBILLÄQUIV* den Fehlerwert *#WERT!* zurück.
- Ist *Disagio* ≤ 0 oder *Abrechnung* > *Fälligkeit* oder liegt *Fälligkeit* mehr als ein Jahr nach *Abrechnung*, gibt *TBILLÄQUIV* den Fehlerwert *#ZAHL!* zurück.

**Beispiel** Sie benötigen nur drei Daten, um die einfache jährliche Verzinsung umzurechnen: den Abrechnungstermin, den Fälligkeitstermin und das Disagio (Abbildung 4-26). In unserem Beispiel arbeiten wir mit einem Abrechnungstermin vom 31.03.2013, einem Fälligkeitstermin vom 01.06.2013 und einem Disagio von 9,14 %.

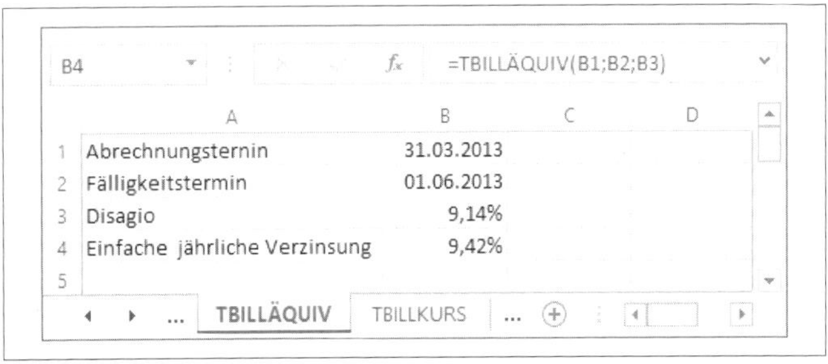
B4 =TBILLÄQUIV(B1;B2;B3)

| | A | B | C | D |
|---|---|---|---|---|
| 1 | Abrechnungsternin | 31.03.2013 | | |
| 2 | Fälligkeitstermin | 01.06.2013 | | |
| 3 | Disagio | 9,14% | | |
| 4 | Einfache jährliche Verzinsung | 9,42% | | |
| 5 | | | | |

TBILLÄQUIV | TBILLKURS

*Abbildung 4-26: Die einfache jährliche Verzinsung wird berechnet.*

### Ähnliche und verwandte Funktionen

- *TBILLRENDITE* liefert die Rendite eines Schatzwechsels, der zu einem bestimmten Ausgabekurs erworben wurde.
- *TBILLKURS* liefert den Ausgabekurs für einen Schatzwechsel, der einen Nominalwert – und damit Rückgabewert – von 100 € hat (Seite 141).

## TBILLRENDITE(Abrechnung; Fälligkeit; Kurs)

Die Funktion *TBILLRENDITE* liefert die Rendite eines Schatzwechsels, der zu einem bestimmten Ausgabekurs erworben wurde. *TBILLRENDITE* benutzt die Vorschrift *(100–Kurs)/Kurs*360/DSM*. Dabei ist *DSM* die Anzahl der Tage von der Abrechnung bis zur Fälligkeit ausschließlich aller Fälligkeitsdaten, die mehr als ein Kalenderjahr nach dem Abrechnungsdatum liegen.

| | |
|---|---|
| *Abrechnung* | Ist der Abrechnungstermin des Schatzwechsels. Der Abrechnungstermin des Wertpapierkaufs entspricht dem Zeitpunkt nach der Emission, an dem das Wertpapier in den Besitz des Käufers übergeht. |
| *Fälligkeit* | Ist der Fälligkeitstermin des Schatzwechsels. Dabei handelt es sich um den Zeitpunkt, zu dem das Wertpapier abläuft. |
| *Kurs* | Ist der Kaufpreis des Schatzbriefs pro 100 € Nennwert. |

- *Abrechnung* und *Fälligkeit* werden zu ganzen Zahlen gekürzt, indem ihre Nachkommastellen abgeschnitten werden.
- Ist *Abrechnung* oder *Fälligkeit* kein zulässiges Datum, gibt *TBILLRENDITE* den Fehlerwert *#WERT!* zurück.
- Der Fehlerwert *#ZAHL!* entsteht, wenn *Kurs* ≤ 0, *Abrechnung* ≥ *Fälligkeit* ist oder *Fälligkeit* mehr als ein Jahr nach *Abrechnung* liegt.

**Beispiel** Auch zur Berechnung der Rendite benötigen Sie als Ausgangsdaten nur den Abrechnungstermin, den Fälligkeitstermin und den aktuellen Kurs (Abbildung 4-27). Im Beispiel arbeiten wir mit einem Abrechnungstermin vom 15.02.2010, einem Fälligkeitstermin vom 01.06.2013 und einem Disagio von 9,14 %.

**Weitere Details** Weitere Details zur Funktion *TBILLRENDITE* finden Sie in der Onlinehilfe des Programms. Für den schnellen Zugriff wählen Sie zuerst das Register *Formeln* im Menüband und dann den Befehl *Funktion einfügen* in der Gruppe *Funktionsbibliothek*. Markieren Sie die gewünschte Funktion und klicken Sie auf *Hilfe für diese Funktion* (siehe auch Seite 10).

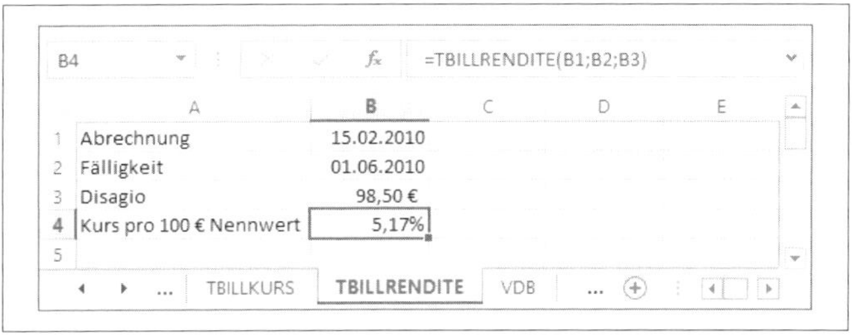


*Abbildung 4-27: Die Rendite eines US-Schatzwechsels wird berechnet.*

### Ähnliche und verwandte Funktionen

- *TBILLÄQUIV* rechnet die Verzinsung eines Schatzwechsels in die für Anleihen übliche einfache jährliche Verzinsung um (Seite 138).
- *TBILLKURS* liefert den Ausgabekurs für einen Schatzwechsel, der einen Nominalwert – und damit Rückgabewert – von 100 € hat (Seite 141).

## TBILLKURS(Abrechnung; Fälligkeit; Disagio)

Die Funktion *TBILLKURS* liefert den Ausgabekurs für einen Schatzwechsel, der einen Nominalwert – und damit Rückgabewert – von 100 € hat.

| | |
|---|---|
| *Abrechnung* | Ist der Abrechnungstermin des Wertpapiers. Der Abrechnungstermin des Wertpapierkaufs entspricht dem Zeitpunkt nach der Emission, an dem das Wertpapier in den Besitz des Käufers übergeht. |
| *Fälligkeit* | Ist der Fälligkeitstermin des Wertpapiers. Dabei handelt es sich um den Zeitpunkt, zu dem das Wertpapier abläuft. |
| *Disagio* | Ist der in Prozent ausgedrückte Abschlag – das Disagio – des Wertpapiers. |

*TBILLKURS* benutzt die Vorschrift *TBILLKURN=1–(Disagio*DSM) /360*. Dabei ist *DSM* die Anzahl der Tage von der Abrechnung bis zur Fälligkeit ausschließlich aller Fälligkeitsdaten, die mehr als ein Kalenderjahr nach dem Abrechnungsdatum liegen.

- Datumsangaben sollten – wie immer – mithilfe der Funktion *DATUM* oder als Ergebnisse anderer Formeln oder Funktionen eingegeben werden (siehe Seite 47).
- Ist *Abrechnung* oder *Fälligkeit* kein zulässiges Datum, gibt *TBILLKURS* den Fehlerwert *#WERT!* zurück.
- *Abrechnung* und *Fälligkeit* werden zu ganzen Zahlen gekürzt, indem ihre Nachkommastellen abgeschnitten werden.
- Ist *Disagio* ≤ 0, gibt *TBILLKURS* den Fehlerwert *#ZAHL!* zurück. Dasselbe gilt für den Fall, im dem *Abrechnung* > *Fälligkeit* ist oder *Fälligkeit* mehr als ein Jahr nach *Abrechnung* liegt.

**Beispiel** Um den Kurs zu ermitteln, benötigen Sie nur den Abrechnungstermin, den Fälligkeitstermin und das Disagio (Abbildung 4-28).

*Abbildung 4-28: Der Kurs wurde errechnet.*

## Ähnliche und verwandte Funktionen

- *TBILLÄQUIV* rechnet die Verzinsung eines Schatzwechsels in die für Anleihen übliche einfache jährliche Verzinsung um (Seite 138).
- *TBILLRENDITE* liefert die Rendite eines Schatzwechsels, der zu einem bestimmten Ausgabekurs erworben wurde (Seite 140).

# Funktionen zur Umwandlung der Notierungsform

Zwei Formen der Notierung von Werten von Wertpapieranlagen sind üblich – die Angabe als Dezimalbruch und Angabe als Dezimalzahl. Die Form der Notierung variiert je nach Handelsplatz und Art des Wertpapiers. Mit zwei Funktionen können Sie bei Excel diese Notierungsformen ineinander umwandeln. Diese Funktionen ändern nur die Darstellung des angezeigten Zahlenwerts – also das Format –, es werden keine Berechnungen an den Inhalten durchgeführt.

*Tabelle 4-9: Funktionen zur Umwandlung der Notierungsform.*

| | |
|---|---|
| *NOTIERUNGBRU* | Wandelt eine Notierung, die als Dezimalzahl ausgedrückt wurde, in einen Dezimalbruch um. |
| *NOTIERUNGDEZ* | Wandelt eine Notierung, die als Dezimalbruch ausgedrückt wurde, in eine Dezimalzahl um. |

## NOTIERUNGBRU(Zahl; Teiler)

Diese Funktion wandelt einen als Dezimalzahl ausgedrückten Währungsbetrag in einen als Dezimalbruch formulierten Betrag um. Aus dem Ausdruck 200,5 wird also 200½. Hiermit können Sie beispielsweise die Kurse festverzinslicher Wertpapiere in der üblichen Form anzeigen lassen.

| | |
|---|---|
| *Zahl* | Ist eine Dezimalzahl. |
| *Teiler* | Ist eine ganze Zahl, die als Nenner des Dezimalbruchs verwendet wird. |

- Ist *Teiler* keine ganze Zahl, werden die Nachkommastellen abgeschnitten.
- Ist *Teiler* < 0, gibt *NOTIERUNGBRU* den Fehlerwert *#ZAHL!* zurück.
- Ist *Teiler* = 0, gibt *NOTIERUNGBRU* den Fehlerwert *#DIV/0!* zurück.

**Beispiel** Sie können mithilfe der Funktion *NOTIERUNGBRU* eine Anzeige wie 200,5 in 200 $^{8}/_{16}$ umwandeln, indem Sie als Teiler die Zahl 16 benutzen (Abbildung 4-29).

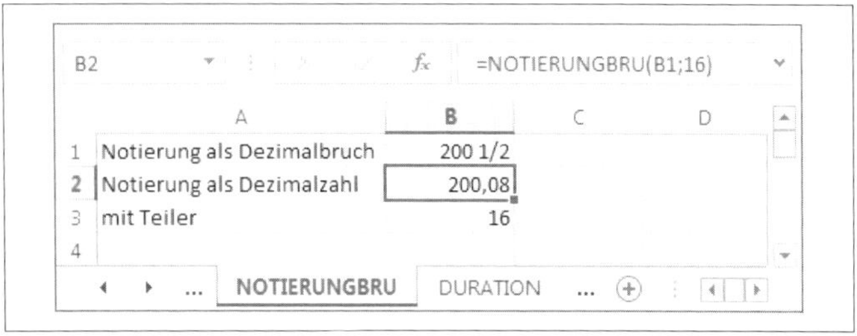


*Abbildung 4-29: Aus einer Dezimalzahl wird ein Dezimalbruch erzeugt.*

**Ähnliche und verwandte Funktionen** *NOTIERUNGDEZ* wandelt einen als Dezimalbruch ausgedrückten Währungsbetrag in einen als Dezimalzahl formulierten Währungsbetrag um (Seite 144).

## NOTIERUNGDEZ(Zahl; Teiler)

Die Funktion *NOTIERUNGDEZ* wandelt einen als Dezimalbruch ausgedrückten Währungsbetrag in einen als Dezimalzahl formulierten Währungsbetrag um. Aus dem Ausdruck 200½ wird beispielsweise 200,5.

| | |
|---|---|
| *Zahl* | Ist eine als Dezimalbruch ausgedrückte Zahl, also eine Zahl, die durch eine Kombination aus Ganzzahl und Dezimalbruch, getrennt durch ein Dezimaltrennzeichen, ausgedrückt wurde. |
| *Teiler* | Ist eine ganze Zahl, die als Nenner des Dezimalbruchs verwendet wird. |

Beispielsweise werden als Dezimalbrüche angegebene Euro-Zahlen für die Kurse festverzinslicher Wertpapiere oder amerikanische Aktiennotierungen verwendet (Abbildung 4-30).

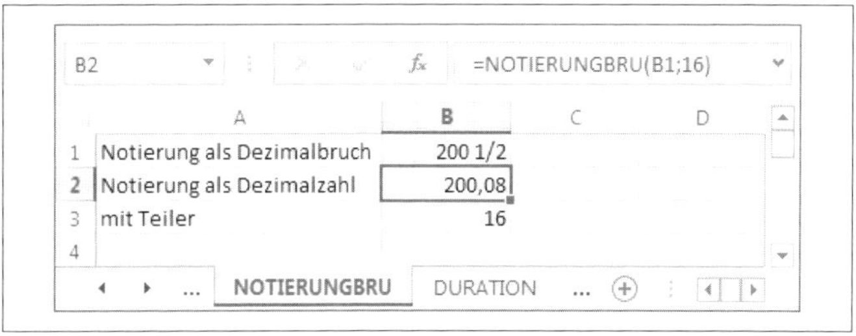


*Abbildung 4-30: Der Wert in Zelle B1 wird in Zelle B2 umgewandelt.*

- Ist *Teiler* keine ganze Zahl, werden die Nachkommastellen abgeschnitten.
- Ist *Teiler* < 0, gibt die Funktion den Fehlerwert *#ZAHL!* zurück.
- Ist *Teiler* ≥ 0 und < 1, wird der Fehlerwert *#DIV/0!* zurückgegeben.

**Ähnliche und verwandte Funktionen** *NOTIERUNGBRU* wandelt einen als Dezimalzahl ausgedrückten Währungsbetrag in einen als Dezimalbruch formulierten Betrag um (Seite 143).

KAPITEL 5

# Funktionen zur Abschreibung

Im Allgemeinen müssen alle Wirtschaftsgüter abgeschrieben werden, die nicht für den Verbrauch bestimmt sind und eine gewisse Preisgrenze überschreiten. Bei einer solchen Abschreibung wird der Buchwert eines Wirtschaftsguts über die Zeit reduziert. Die Abschreibungsbeträge tauchen dann in der Gewinn- und Verlustrechnung als Kosten auf. Wie und über welchen Zeitraum abgeschrieben werden muss, ist – innerhalb gewisser Grenzen – vom Gesetzgeber geregelt. Das gilt aber nur für den Fall der Verwendung dieser Kostengröße in offiziellen Dokumenten, natürlich inklusive der Berechnungen für das Finanzamt. Firmenintern steht es Ihnen selbstverständlich frei, andere Abschreibungsformen oder Zeiträume zu wählen.

Microsoft Excel hält in der Gruppe der finanzmathematischen Funktionen mehrere Funktionen zur Berechnung unterschiedlicher Abschreibungsformen bereit: die lineare Abschreibung, die arithmetisch-degressive Abschreibung und zwei Funktionen für die degressive Doppelratenabschreibung. Außerdem verfügt Excel noch über zwei Funktionen, über die Sie einen Abschreibungsbetrag auf Basis des französischen Buchführungssystems ermitteln können.

*Tabelle 5-1: Funktionen zur Abschreibung*

| | |
|---|---|
| *LIA* | Gibt die lineare Abschreibung eines Wirtschaftsguts pro Periode zurück. |
| *DIA* | Gibt die arithmetisch-degressive Abschreibung eines Wirtschaftsguts für eine bestimmte Periode zurück. |
| *GDA* | Gibt die Abschreibung eines Anlageguts für einen angegebenen Zeitraum unter Verwendung der degressiven Doppelratenabschreibung oder eines anderen von Ihnen angegebenen Abschreibungsverfahrens zurück. |

*Tabelle 5-1: Funktionen zur Abschreibung (Fortsetzung)*

| | |
|---|---|
| *GDA2* | Gibt die geometrisch-degressive Abschreibung eines Wirtschaftsguts für eine bestimmte Periode zurück. |
| *VDB* | Gibt die degressive Abschreibung eines Wirtschaftsguts für eine bestimmte Periode oder Teilperiode zurück. |

Allen Formen ist gemeinsam, dass Sie unter einer Periode Jahre, Quartale, Monate oder eine beliebige andere Zeitspanne verstehen können, solange Sie in der Formel auch die Dauer in derselben Einheit angeben. Alle Abschreibungsfunktionen setzen mindestens drei Zahlenwerte voraus – den Anschaffungswert, den Restwert und die Nutzungsdauer.

Es gibt auch bei der Gruppe der Funktionen zur Berechnung der Abschreibung Parameter, die bei allen – oder zumindest bei mehreren – Funktionen in derselben Weise auftauchen. Die wichtigsten davon sollten Sie vielleicht gleich kennenlernen:

*Tabelle 5-2: Wichtige Parameter bei den Funktionen zu Abschreibung.*

| | |
|---|---|
| *Ansch_Wert* | Sind die Anschaffungskosten des Wirtschaftsguts. |
| *Restwert* | Ist der Restwert am Ende der Nutzungsdauer – also der Schrottwert. |
| *Nutzungsdauer* | Ist die Anzahl der Perioden, über die das Wirtschaftsgut abgeschrieben wird. Diese Anzahl ist meist auch durch die Gesetzgebung festgelegt. |
| *Periode* | Ist die Periode, deren Abschreibungsbetrag Sie berechnen möchten. Für dieses Argument müssen Sie dieselbe Zeiteinheit wie für das Argument *Nutzungsdauer* verwenden. |
| *Faktor* | Ist das Maß, mit dem die Abschreibung abnimmt – also die Rate, um die der jeweilige Buchwert verringert wird. |
| *Nicht_wechseln* | Ist ein Wahrheitswert, der angibt, ob unter bestimmten Bedingungen die Form der Berechnung der Abschreibung gewechselt werden soll – beispielsweise von der variabel-degressiven Methode auf die lineare Methode. |

## Lineare Abschreibung

Bei der linearen Abschreibung entspricht der Verlauf des Restwerts eines abgeschriebenen Guts einer nach unten gesenkten Geraden. Die Form ist nach deutschem Steuerrecht allgemein üblich.

## LIA(Ansch_Wert; Restwert; Nutzungsdauer)

Die Funktion *LIA* liefert die lineare Abschreibung eines Wirtschaftsguts für einen bestimmten Abschreibungszeitraum pro Periode. In jeder Periode wird der Buchwert um denselben Betrag reduziert, bis der Restwert erreicht ist. Letztere wird meist mit *0* beziffert.

| | |
|---|---|
| *Ansch_Wert* | Sind die Anschaffungskosten des Wirtschaftsguts. |
| *Restwert* | Ist der Restwert am Ende der Nutzungsdauer – also der Schrottwert. |
| *Nutzungsdauer* | Ist die Anzahl der Perioden, über die das Wirtschaftsgut abgeschrieben wird. Diese Anzahl ist meist auch durch die Gesetzgebung festgelegt. |

**Beispiel** Wenn Sie ein 10.000,00 € wertes Gut bis zu einem Restwert von 1.000,00 € über 5 Jahre abschreiben, beträgt die jährliche Abschreibungsrate 1.800,00 € (Abbildung 5-1).

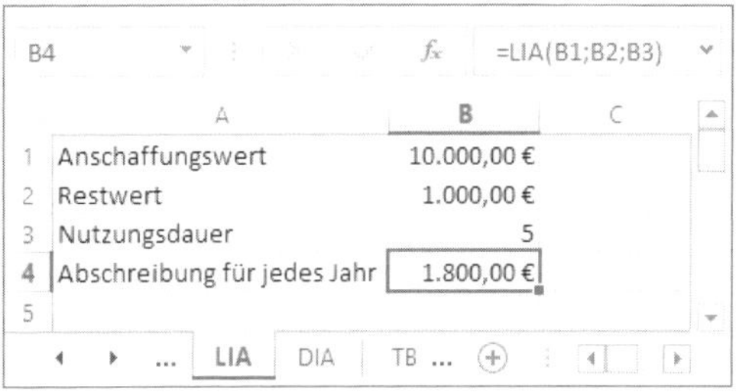


*Abbildung 5-1: Die lineare Abschreibung.*

Der Verlauf des Restwerts hat das Bild einer abwärts gerichteten Geraden (Abbildung 5-2).

### Ähnliche und verwandte Funktionen

- Die Funktion *DIA* liefert die arithmetisch-degressive Abschreibung eines Wirtschaftsguts für eine bestimmte Periode nach der sogenannten digitalen Methode (Seite 150).

- Die Funktionen *GDA* und *GDA2* berechnen die Abschreibungsrate für einen bestimmten Abschreibungszeitraum nach der geometrisch-degressiven Methode (Seite 153f).

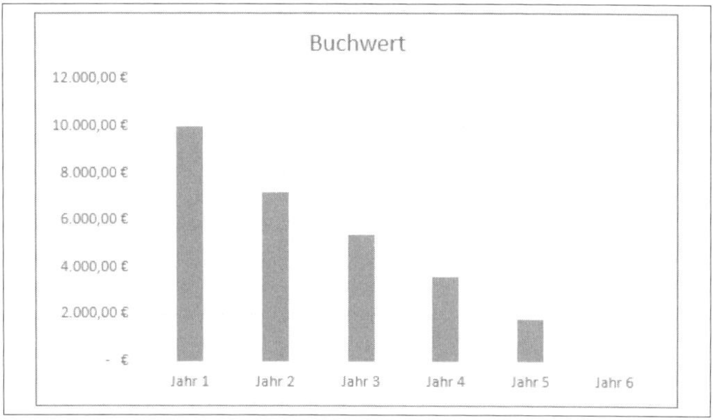


*Abbildung 5-2: Die lineare Abschreibung ist nach deutschem Steuerrecht allgemein üblich.*

## Arithmetisch-degressive Abschreibung

Anders ist das bei der arithmetisch-degressiven Abschreibung eines Wirtschaftsguts. Hier wird in jeder Periode ein anderer Wert abgeschrieben. Am Anfang ist er größer als bei der linearen Abschreibung unter sonst gleichen Bedingungen, am Ende geringer.

### DIA(Ansch_Wert; Restwert; Nutzungsdauer; Zr)

Die Funktion *DIA* liefert die arithmetisch-degressive Abschreibung eines Wirtschaftsguts für eine bestimmte Periode nach der sogenannten digitalen Methode.

| | |
|---|---|
| *Ansch_Wert* | Sind die Anschaffungskosten eines Wirtschaftsguts. |
| *Restwert* | Ist der Restwert am Ende der Nutzungsdauer – also der Schrottwert. |
| *Nutzungsdauer* | Ist die Anzahl der Perioden, über die das Wirtschaftsgut abgeschrieben wird. |
| *Zr* | Ist die Periode und muss dieselbe Zeiteinheit verwenden wie die Nutzungsdauer. |

Diese Form der Abschreibung ist bei geltendem deutschen Steuerrecht nur bedingt einsetzbar!

**Beispiel** Auf der Basis von Anschaffungswert, Restwert und Nutzungsdauer können Sie die Abschreibungswerte für alle einzelnen Jahre bestimmen. Angenommen, Sie schreiben ein Wirtschaftsgut mit der Methode der arithmetisch-degressiven Abschreibung über 10 Jahre ab. Der Anschaffungswert beträgt 50.000,00 €, der Restwert 10.000,00 €. Die Höhe der Abschreibung erhält dann in Jahr 5 den Wert 4.363,64 €, in Jahr 10 den Wert 727,27 € (Abbildung 5-3).

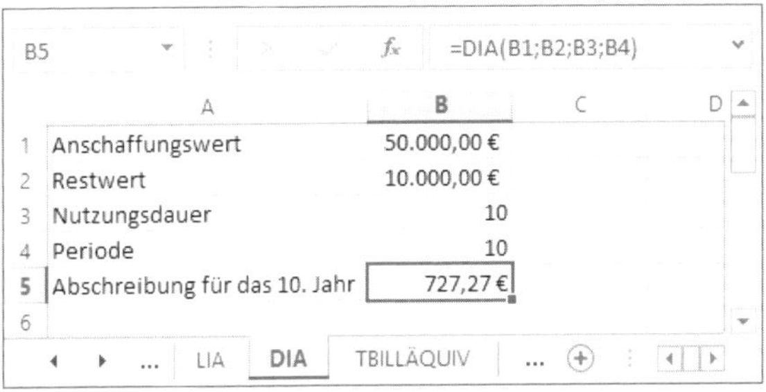


*Abbildung 5-3: Die Abschreibung beträgt 727,27 € im 10. Jahr.*

Im Verlauf über die Zeit zeigt sich eine gebogene Linie (Abbildung 5-4).

**Weitere Details** Weitere Details zur Funktion *DIA* finden Sie in der Onlinehilfe. Wählen Sie zuerst das Register *Formeln* im Menüband und dann den Befehl *Funktion einfügen* in der Gruppe *Funktionsbibliothek*. Markieren Sie die gewünschte Funktion und klicken Sie auf *Hilfe für diese Funktion* (siehe auch Seite 10).

### Ähnliche und verwandte Funktionen

- Die Funktion *LIA* liefert die lineare Abschreibung eines Wirtschaftsguts für einen bestimmten Abschreibungszeitraum pro Periode (Seite 149).

- Die Funktionen *GDA* und *GDA2* berechnen die Abschreibungsrate für einen bestimmten Abschreibungszeitraum nach der geometrisch-degressiven Methode (Seite 153f).

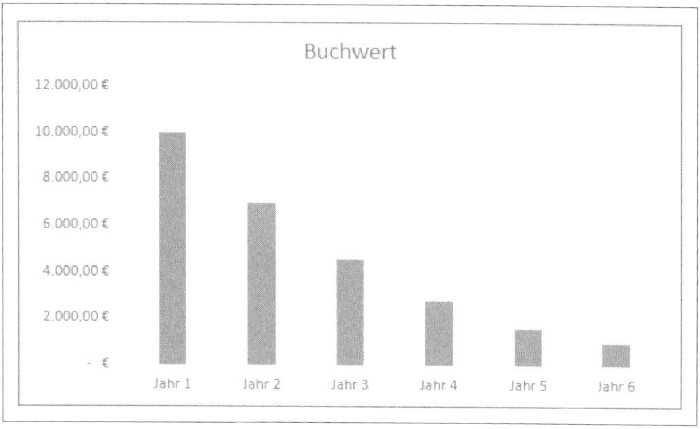


*Abbildung 5-4: Diese Form ist bei geltendem deutschen Steuerrecht nur bedingt einsetzbar.*

## Degressive Doppelratenabschreibung

Bei der Methode der degressiven Doppelratenabschreibung wird die Abschreibung entsprechend einer beschleunigten Rate berechnet (Abbildung 5-5). Der Abschreibungsbetrag ist dementsprechend in der ersten Periode am höchsten und nimmt in den folgenden Perioden ab.

- Die degressive Abschreibung ist auch als *Buchwertabschreibung* bekannt. Im Gegensatz zur linearen Abschreibung wird bei der degressiven Abschreibung nur im ersten Jahr der Abschreibungsbetrag auf Basis der Anschaffungskosten errechnet. In den darauffolgenden Jahren wird der Abschreibungsbetrag aus dem Restbuchwert des Anlageguts errechnet, sodass die Abschreibungsbeträge von Jahr zu Jahr kleiner werden (logisch, denn der Restbuchwert wird ja auch von Jahr zu Jahr kleiner). Bei der degressiven Abschreibung bleibt zum Nutzungsende ein Restbuchwert stehen.

- Die degressive Abschreibung hat gegenüber der linearen Abschreibung den Vorteil, dass die Abschreibungsbeträge in den ersten Nutzungsjahren sehr viel höher sind. Sie bietet sich somit vor allem für Anlagegüter an, in denen durch wirtschaftliche und technische Entwicklungen in den ersten Jahren mit hohen Wertminderungen zu rechnen ist.

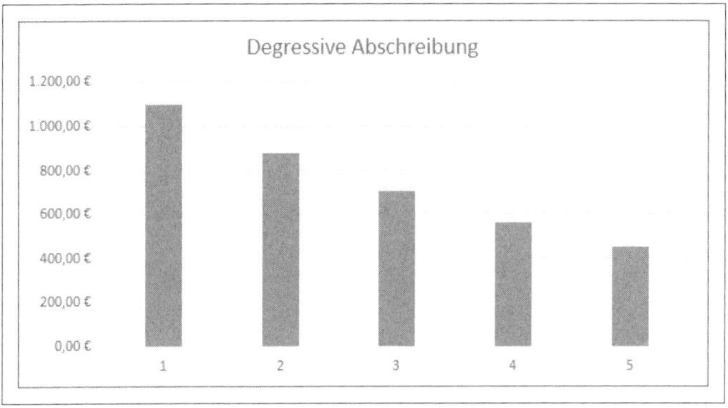


*Abbildung 5-5: Die degressive Doppelratenabschreibung.*

Zur Berechnung der degressiven Doppelratenabschreibung stehen zwei Funktionen zur Verfügung – *GDA* und *GDA2*.

## GDA(Ansch_Wert; Restwert; Nutzungsdauer; Periode; [Faktor])

Die Funktionen *GDA* und *GDA2* berechnen die Abschreibungsrate für einen bestimmten Abschreibungszeitraum nach der geometrisch-degressiven Methode. In der mit *GDA* bezeichneten Grundfunktion wird zur Berechnung des Abschreibungsbetrags eine konstante Abschreibungsrate – also ein Abschreibungsprozentsatz – verwendet. *GDA* berechnet die Abschreibung einer Periode gemäß dieser Formel *(Anschaffungskosten–Summe der Abschreibungen früherer Perioden)* Faktor/Nutzungsdauer*.

Der Buchwert kann mit dieser Methode nie den Wert 0 erreichen, deshalb wird in der Praxis für spätere Perioden zur linearen Abschreibung übergegangen.

| | |
|---|---|
| *Ansch_Wert* | Sind die Anschaffungskosten des Wirtschaftsguts. |
| *Restwert* | Ist der Restwert am Ende der Nutzungsdauer, also der Schrottwert. |
| *Nutzungsdauer* | Ist die Anzahl der Perioden, über die das Wirtschaftsgut abgeschrieben wird. |
| *Periode* | Ist die Periode, deren Abschreibungsbetrag Sie berechnen möchten. Für dieses Argument müssen Sie dieselbe Zeiteinheit wie für das Argument *Nutzungsdauer* verwenden. |
| *Faktor* | Ist das Maß, mit dem die Abschreibung abnimmt – also die Rate, um die der jeweilige Buchwert verringert wird. Fehlt das optionale Argument *Faktor*, verwendet Excel den Wert 2. |

Für eine Anschaffung nach dem 01.01.2008 darf die degressive Abschreibung nicht mehr angewendet werden. Entschieden wurde dies im Rahmen der Unternehmenssteuerreform 2008.

**Beispiel** Die Abschreibung wird hier auf Jahresebene vorgenommen (Abbildung 5-6).

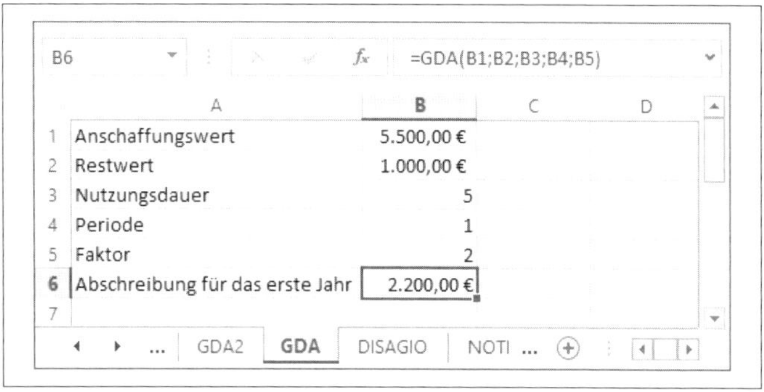


*Abbildung 5-6: Die degressive Doppelratenabschreibung.*

### Ähnliche und verwandte Funktionen

- Die Funktion *LIA* liefert die lineare Abschreibung eines Wirtschaftsguts für einen bestimmten Abschreibungszeitraum pro Periode (Seite 149).

- Die Funktion *DIA* liefert die arithmetisch-degressive Abschreibung eines Wirtschaftsguts für eine bestimmte Periode nach der sogenannten digitalen Methode (Seite 150).

## GDA2(Ansch_Wert; Restwert; Nutzungsdauer; Periode; [Monate])

Die Funktion *GDA2* ermöglicht es, eine Berechnung in Fällen durchzuführen, in denen die erste Periode keinem vollen Jahr entspricht, sondern nur einem Teil davon. Die Abschreibungsbeträge der ersten und der letzten Periode stellen also Sonderfälle dar.

| | |
|---|---|
| *Ansch_Wert* | Sind die Anschaffungskosten des Wirtschaftsguts. |
| *Restwert* | Ist der Restwert am Ende der Nutzungsdauer – der Schrottwert. |
| *Nutzungsdauer* | Ist die Anzahl der Perioden, über die das Wirtschaftsgut abgeschrieben wird. |
| *Periode* | Ist die Periode, deren Abschreibungsbetrag Sie berechnen möchten. Für das Argument *Periode* muss dieselbe Zeiteinheit wie für die Nutzungsdauer verwendet werden. |
| *Monate* | Ist die Anzahl der Monate im ersten Jahr. Das Argument ist optional. Wird das Argument weggelassen, wird es von Excel als 12 angenommen. Es wird also von einem vollen Jahr ausgegangen. Die Funktion liefert dann denselben Wert wie *GDA*. Wenn Sie für *Monate* einen anderen Wert als 12 eintragen, wird die Abschreibung für die Anzahl der Monate im entsprechenden Jahr berechnet. |

**Beispiel** Auch hier wird die Abschreibung wieder auf Jahresebene vorgenommen (Abbildung 5-7).

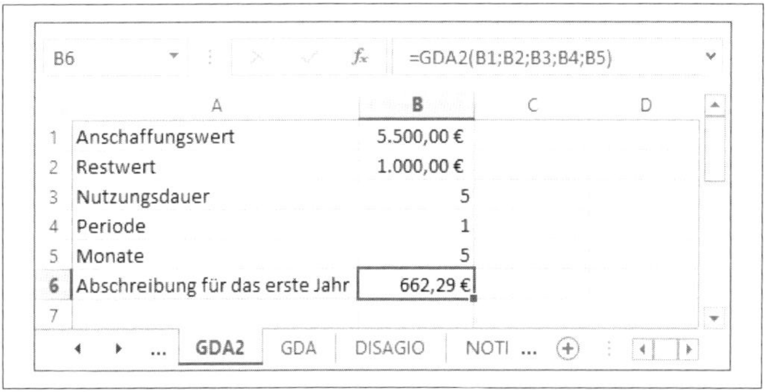


*Abbildung 5-7: Der Einsatz für die Funktion GDA2.*

### VDB(Ansch_Wert; Restwert; Nutzungsdauer; Anfang; Ende; [Faktor]; Nicht_wechseln)

Die Funktion *VDB* berechnet die Abschreibungsrate für einen bestimmten Abschreibungszeitraum nach der variabel-degressiven Methode. *VDB* steht für *Variable Declining Balance* – variable degressive Abschreibung oder variable geometrisch-degressive Abschreibung. Diese Funktion ist eine Variation der geometrisch-degressiven Abschreibung. Sie ermöglicht es, sobald die lineare Abschreibung höhere Abschreibungsbeträge liefert, in diese überzuwechseln. Sie berechnet für den von Ihnen angegebenen Abschreibungszeitraum einschließlich Teilperioden den für ein Anlagegut zu berücksichtigenden Abschreibungsbetrag. Die Berechnung erfolgt nach der von Ihnen angegebenen Methode.

| | |
|---|---|
| *Ansch_Wert* | Sind die Anschaffungskosten eines Wirtschaftsguts. |
| *Restwert* | Ist der Restwert am Ende der Nutzungsdauer (Schrottwert). |
| *Nutzungsdauer* | Ist die Anzahl der Zeiträume, über die das Wirtschaftsgut abgeschrieben wird. |
| *Anfang* | Ist der erste Zeitraum, der für die Berechnung eines Abschreibungsbetrags berücksichtigt werden soll. |
| *Ende* | Ist der letzte Zeitraum, der für die Berechnung eines Abschreibungsbetrags berücksichtigt werden soll. |
| *Faktor* | Ist das Maß, um das die Abschreibung abnimmt. |
| *Nicht_wechseln* | Ist ein Wahrheitswert, der angibt, ob auf lineare Abschreibung umgeschaltet werden soll, wenn der dabei berechnete Abschreibungsbetrag größer ist als der bei der geometrischen Abschreibung. |

- Ist *Nicht_wechseln* mit *WAHR* belegt, wechselt Microsoft Excel selbst dann nicht zu dem Verfahren der linearen Abschreibung, wenn der dabei berechnete Abschreibungsbetrag größer ist als der bei der geometrischen Abschreibung.
- Ist *Nicht_wechseln* mit *FALSCH* belegt oder nicht angegeben, wechselt Excel zu dem Verfahren der linearen Abschreibung, wenn der dabei berechnete Abschreibungsbetrag größer ist als der bei der geometrischen Abschreibung.

- Mit Ausnahme von *Nicht_wechseln* müssen alle Argumente positive Zahlen sein. *Nicht_wechseln* kann auch den Wert *0* annehmen.

**Beispiel** Sie benötigen zur Berechnung den Anschaffungswert, den Restwert und die Nutzungsdauer. Mit den Parametern *Anfang* und *Ende* können Sie dann den Zeitraum festlegen, der für die Berechnung berücksichtigt werden soll (Abbildung 5-8).

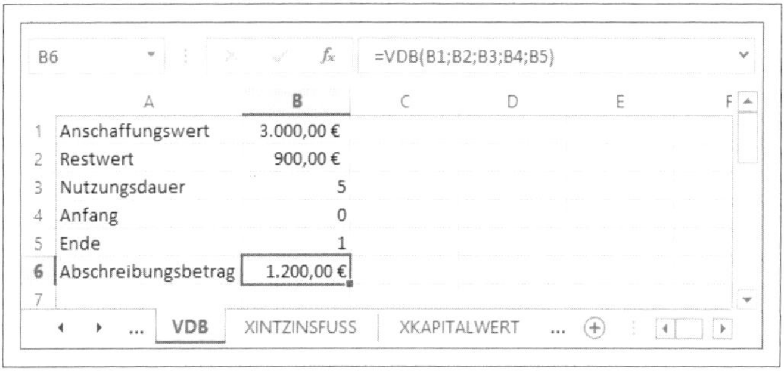


*Abbildung 5-8: Die Abschreibung berechnet sich zu 1.200,00 €.*

## Abschreibung für französische Buchführung

Zwei Funktionen liefern Abschreibungsbeträge auf Basis des französischen Buchführungssystems.

*Tabelle 5-3: Funktionen zur Abschreibung für französische Buchführung.*

| | |
|---|---|
| *AMORDEGRK* | Gibt die Abschreibung für die einzelnen Abschreibungszeiträume mithilfe eines Abschreibungskoeffizienten zurück. |
| *AMORLINEARK* | Gibt die Abschreibung für die einzelnen Abschreibungszeiträume zurück. |

### AMORDEGRK(Ansch_Wert; Kaufdatum; Erster_Zinstermin; Restwert; Termin; Satz; [Basis])

Die Funktion *AMORDEGRK* liefert den Abschreibungsbetrag nach dem französischen Buchhaltungssystem. Sie berechnet den Abschreibungsbetrag für einen Abrechnungszeitraum gemäß der degressiven Amortisation. Diese Funktion ist identisch mit der nachfolgend beschriebenen Funktion *AMORLINEARK*, jedoch mit dem Unterschied, dass bei einer Berechnung ein von der Nutzungsdauer abhängiger Abschreibungskoeffizient eingesetzt wird. Wenn ein Anlagegut in der Mitte einer Abrechnungsperiode gekauft wird, wird der anteilige Abschreibungsbetrag berücksichtigt. Die Funktion berechnet den jeweiligen Abschreibungsbetrag entweder für alle Perioden bis einschließlich der letzten Periode oder bis zu der Periode, ab der die Summe aller Abschreibungsbeträge größer wird als die Anschaffungskosten des Anlageguts minus Restwert.

| | |
|---|---|
| *Ansch_Wert* | Sind die Anschaffungskosten des Anlageguts. |
| *Kaufdatum* | Ist das Anschaffungsdatum des Anlageguts. |
| *Erster_Zinstermin* | Das Datum des Endes der ersten Periode. |
| *Restwert* | Ist der Restwert, den das Anlagegut am Ende der Nutzungsdauer hat – also der Schrottwert. |
| *Termin* | Ist die Periode, für die der Betrag errechnet werden soll. |
| *Satz* | Ist der Abschreibungssatz. |
| *Basis* | Gibt an, wie die Zinstage gezählt werden. *0* (oder nicht angegeben) steht für USA (NASD) 30/360, *1* steht für Taggenau, *2* steht für Taggenau/360, *3* für *Taggenau/365* und *4* steht für Europa 30/360 (siehe auch Seite 97). |

Es wird bei der Funktion mit den folgenden Abschreibungskoeffizienten gearbeitet:

| **Nutzungsdauer eines Anlageguts** | **Abschreibungskoeffizient** |
|---|---|
| zwischen 3 und 4 Jahre | 1,5 |
| zwischen 5 und 6 Jahre | 2 |
| mehr als 6 Jahre | 2,5 |

- Datumsangaben sollten mithilfe der Funktion *DATUM* oder einer anderen ein Datum erzeugenden Funktion eingegeben werden. Es können Probleme auftreten, wenn Datumsangaben als Text eingegeben werden (siehe Seite 47).

- Der Abschreibungssatz wächst für die vorletzte Periode auf 50 % und für die letzte Periode auf 100 %.
- Liegt die Nutzungsdauer eines Anlageguts zwischen 0 und 1, 1 und 2, 2 und 3 oder 4 und 5 Jahren, liefert die Funktion den Fehlerwert *#ZAHL!*.

**Beispiel** Auf Basis von Anschaffungskosten, Anschaffungsdatum, dem Ende der ersten Periode, dem Restwert, dem Termin und dem Abschreibungssatz können Sie die Dauer der ersten Periode bestimmen (Abbildung 5-9).

*Abbildung 5-9: Legen Sie die erste Abschreibungsperiode fest.*

## AMORLINEARK(Ansch_Wert; Kaufdatum; Erster_Zinstermin; Restwert; Termin; Satz; [Basis])

Die Funktion gibt den für eine Abrechnungsperiode anzusetzenden Abschreibungsbetrag auf Basis des französischen Buchführungssystems zurück. Wenn ein Anlagegut in der Mitte einer Abrechnungsperiode gekauft wird, wird der anteilige Abschreibungsbetrag berücksichtigt.

| | |
|---|---|
| *Ansch_Wert* | Sind die Anschaffungskosten des Anlageguts. |
| *Kaufdatum* | Ist das Anschaffungsdatum des Anlageguts. |
| *Erster_Zinstermin* | Ist das Datum des Endes der ersten Periode. |

| | |
|---|---|
| *Restwert* | Ist der Restwert, den das Anlagegut am Ende der Nutzungsdauer hat. |
| *Periode* | Ist die Periode, für die der Abschreibungsbetrag errechnet werden soll. |
| *Satz* | Ist der Abschreibungssatz. |
| *Basis* | Gibt an, wie die Zinstage gezählt werden. *0* (oder nicht angegeben) steht für USA (NASD) 30/360, *1* steht für Taggenau, *2* steht für Taggenau/360, *3* für Taggenau/365 und *4* steht für Europa 30/360 (siehe auch Seite 97). |

**Beispiel** Auf Basis von Anschaffungskosten, Anschaffungsdatum, dem Ende der ersten Periode, dem Restwert, dem Termin und dem Abschreibungssatz können Sie die Dauer der ersten Periode bestimmen (Abbildung 5-10).

B8 =AMORLINEARK(B1;B2;B3;B4;B5;B6;B7)

| | A | B |
|---|---|---|
| 1 | Anschaffungskosten | 5.000,00 € |
| 2 | Anschaffungsdatum | 19.08.2013 |
| 3 | Ende der ersten Periode | 31.12.2013 |
| 4 | Restwert | 750,00 € |
| 5 | Periode | 1 |
| 6 | Abschreibungssatz | 0,15 |
| 7 | Basis | 1 |
| 8 | Abschreibung | 750,00 € |

AMORDEGRK | AMORLINEARK | ZINSTER ...

*Abbildung 5-10: Legen Sie die erste Abschreibungsperiode fest.*

# Alphabetisches Funktionsverzeichnis

| | |
|---|---|
| *AMORDEGRK* | Gibt die Abschreibung für die einzelnen Abschreibungszeiträume mithilfe eines Abschreibungskoeffizienten zurück. |
| *AMORLINEARK* | Gibt die Abschreibung für die einzelnen Abschreibungszeiträume zurück. |
| *AUFGELZINS* | Gibt die aufgelaufenen Zinsen (Stückzinsen) eines Wertpapiers mit periodischen Zinszahlungen zurück. |
| *AUFGELZINSF* | Gibt die aufgelaufenen Zinsen (Stückzinsen) eines Wertpapiers zurück, die bei Fälligkeit ausgezahlt werden. |

| | |
|---|---|
| *AUSZAHLUNG* | Gibt den Auszahlungsbetrag eines voll investierten Wertpapiers am Fälligkeitstermin zurück. |
| *BW* | Gibt den Barwert einer Investition zurück. |
| *DIA* | Gibt die arithmetisch-degressive Abschreibung eines Wirtschaftsguts für eine bestimmte Periode zurück. |
| *DISAGIO* | Gibt den in Prozent ausgedrückten Abschlag (Disagio) eines Wertpapiers zurück. |
| *DURATION* | Gibt die jährliche Duration eines Wertpapiers mit periodischen Zinszahlungen zurück. |
| *EFFEKTIV* | Gibt die jährliche Effektivverzinsung zurück. |
| *GDA* | Gibt die Abschreibung eines Anlageguts für einen angegebenen Zeitraum unter Verwendung der degressiven Doppelratenabschreibung oder eines anderen von Ihnen angegebenen Abschreibungsverfahrens zurück. |
| *GDA2* | Gibt die geometrisch-degressive Abschreibung eines Wirtschaftsguts für eine bestimmte Periode zurück. |
| *IKV* | Gibt den internen Zinsfuß einer Investition ohne Finanzierungskosten oder Reinvestitionsgewinne zurück. |
| *ISPMT* | Berechnet die während eines bestimmten Zeitraums für eine Investition gezahlten Zinsen. |
| *KAPZ* | Gibt die Kapitalrückzahlung einer Investition für eine angegebene Periode zurück. |
| *KUMKAPITAL* | Berechnet die aufgelaufene Tilgung eines Darlehens, die zwischen zwei Perioden zu zahlen ist. |
| *KUMZINSZ* | Berechnet die kumulierten Zinsen, die zwischen zwei Perioden zu zahlen sind. |
| *KURS* | Gibt den Kurs pro 100 € Nennwert eines Wertpapiers zurück, das periodisch Zinsen auszahlt. |
| *KURSDISAGIO* | Gibt den Kurs pro 100 € Nennwert eines unverzinslichen Wertpapiers zurück. |
| *KURSFÄLLIG* | Gibt den Kurs pro 100 € Nennwert eines Wertpapiers zurück, das Zinsen am Fälligkeitsdatum auszahlt. |
| *LIA* | Gibt die lineare Abschreibung eines Wirtschaftsguts pro Periode zurück. |
| *MDURATION* | Gibt die geänderte Dauer für ein Wertpapier mit einem angenommenen Nennwert von 100 € zurück. |
| *NBW* | Gibt den Nettobarwert einer Investition auf Basis periodisch anfallender Zahlungen und eines Abzinsungsfaktors zurück. |

| | |
|---|---|
| *NOMINAL* | Gibt die jährliche Nominalverzinsung zurück. |
| *NOTIERUNGBRU* | Wandelt eine Notierung, die als Dezimalzahl ausgedrückt wurde, in einen Dezimalbruch um. |
| *NOTIERUNGDEZ* | Wandelt eine Notierung, die als Dezimalbruch ausgedrückt wurde, in eine Dezimalzahl um. |
| *PDURATION* | Gibt die Anzahl der Zahlungsperioden zurück, die eine Investition zum Erreichen eines angegebenen Werts benötigt. |
| *QIKV* | Gibt den internen Zinsfuß zurück, wobei positive und negative Zahlungen zu unterschiedlichen Sätzen finanziert werden. |
| *RENDITE* | Gibt die Rendite eines Wertpapiers zurück, das periodisch Zinsen auszahlt. |
| *RENDITEDIS* | Gibt die jährliche Rendite eines unverzinslichen Wertpapiers zurück. |
| *RENDITEFÄLL* | Gibt die jährliche Rendite eines Wertpapiers zurück, das Zinsen am Fälligkeitsdatum auszahlt. |
| *RMZ* | Gibt die periodische Zahlung für eine Annuität zurück. |
| *TBILLÄQUIV* | Gibt die Rendite für ein Wertpapier zurück. |
| *TBILLKURS* | Gibt den Kurs pro 100 € Nennwert eines Wertpapiers zurück. |
| *TBILLRENDITE* | Gibt die Rendite für ein Wertpapier zurück. |
| *UNREGER.KURS* | Gibt den Kurs pro 100 € Nennwert eines Wertpapiers mit einem unregelmäßigen ersten Zinstermin zurück. |
| *UNREGER.REND* | Gibt die Rendite eines Wertpapiers mit einem unregelmäßigen ersten Zinstermin zurück. |
| *UNREGLE.KURS* | Gibt den Kurs pro 100 € Nennwert eines Wertpapiers mit einem unregelmäßigen letzten Zinstermin zurück. |
| *UNREGLE.REND* | Gibt die Rendite eines Wertpapiers mit einem unregelmäßigen letzten Zinstermin zurück. |
| *VDB* | Gibt die degressive Abschreibung eines Wirtschaftsguts für eine bestimmte Periode oder Teilperiode zurück. |
| *XINTZINSFUSS* | Gibt den internen Zinsfuß einer Reihe nicht periodisch anfallender Zahlungen zurück. |
| *XKAPITALWERT* | Gibt den Nettobarwert (Kapitalwert) einer Reihe nicht periodisch anfallender Zahlungen zurück. |
| *ZINS* | Gibt den Zinssatz pro Zeitraum einer Annuität zurück. |
| *ZINSSATZ* | Gibt den Zinssatz eines voll investierten Wertpapiers zurück. |
| *ZINSTERMNZ* | Gibt das Datum des ersten Zinstermins nach dem Abrechnungstermin zurück. |

| | |
|---|---|
| *ZINSTERMTAGE* | Gibt die Anzahl der Tage der Zinsperiode zurück, die den Abrechnungstermin einschließt. |
| *ZINSTERMTAGNZ* | Gibt die Anzahl der Tage vom Abrechnungstermin bis zum nächsten Zinstermin zurück. |
| *ZINSTERMTAGVA* | Gibt die Anzahl der Tage vom Anfang des Zinstermins bis zum Abrechnungstermin zurück. |
| *ZINSTERMVZ* | Gibt das Datum des letzten Zinstermins vor dem Abrechnungstermin zurück. |
| *ZINSTERMZAHL* | Gibt die Anzahl der Zinstermine zwischen Abrechnungs- und Fälligkeitsdatum zurück. |
| *ZINSZ* | Gibt die Zinszahlung einer Investition für die angegebene Periode zurück. |
| *ZSATZINVEST* | Gibt den effektiven Jahreszins für den Wertzuwachs einer Investition zurück. |
| *ZW* | Gibt den zukünftigen Wert – den Endwert – einer Investition zurück. |
| *ZW2* | Gibt den aufgezinsten Wert des Anfangskapitals für eine Reihe periodisch unterschiedlicher Zinssätze zurück. |
| *ZZR* | Gibt die Anzahl der Zahlungsperioden einer Investition zurück. |

# Alphabetische Liste der Argumente und Parameter

| | |
|---|---|
| *Abrechnung* | Ist der Abrechnungstermin des Wertpapierkaufs. Der Abrechnungstermin des Wertpapierkaufs ist das Datum nach der Wertpapieremission, wenn das Wertpapier in den Besitz des Käufers übergeht. |
| *Anlage* | Ist der anzulegende Betrag. |
| *Ansch_Wert* | Sind die *Anschaffungskosten* eines Wirtschaftsguts vor jeder Abschreibung. |
| *Basis* | Gibt an, wie die Zinstage gezählt werden. Es gibt fünf Möglichkeiten zur Einstellung: *0* (oder nicht angegeben) für USA (NASD) 30/360, *1* für Taggenau, *2* für Taggenau/360, *3* für Taggenau/365 und *4* für Europa 30/360 (siehe auch Seite 97). |
| *Berechnungsmethode* | Ist ein Wahrheitswert, der eine Möglichkeit zur Berechnung der insgesamt aufgelaufenen Zinsen angibt, wenn das Abrechnungsdatum nach dem ersten Zinstermin liegt. Der Wert *WAHR* – also 1 – gibt die insgesamt aufgelaufenen Zinsen zwischen Ausgabe und Abrechnung zurück. Der Wert *FALSCH* – also 0 – gibt die insgesamt aufgelaufenen Zinsen von *Erster_Zinstermin* bis Abrechnung zurück. Wenn Sie das Argument nicht eingeben, ist das Standardergebnis *WAHR*. |

| | |
|---|---|
| *Bw* | Steht für *Barwert*. Dieses Argument gibt an, wie viel der Betrag heute wert ist. Der aktuelle Wert der Investition. |
| *Coupon* | Der jährliche *Nominalzins* des Wertpapiers – der *Kuponzinssatz*. |
| *Disagio* | Ist der in Prozent ausgedrückte Abschlag – das *Disagio*. |
| *Effektiver_Zins* | Ist der effektive Zinssatz. |
| *Emission* | Ist das Datum der Wertpapieremission. |
| *Erster_Zinstermin* | Ist der erste Zinstermin. |
| *F* | Steht für Fälligkeit und beschreibt, wann die Zahlungen innerhalb der Periode geleistet werden. In fast allen Fällen sind zwei Einstellungen möglich: *0* (oder weggelassen) für das Ende einer Periode (nachschüssige Rente) oder *1* für den Anfang einer Periode (vorschüssige Rente). |
| *Faktor* | Ist bei der degressiven Doppelratenabschreibung das Maß, mit dem die Abschreibung abnimmt – also die Rate, um die der jeweilige Buchwert verringert wird. Fehlt das optionale Argument *Faktor*, verwendet Excel den Wert 2. |
| *Fälligkeit* | Ist der Fälligkeitstermin. Dabei handelt es sich um den Zeitpunkt, zu dem das Wertpapier abläuft. |
| *Häufigkeit* | Die Anzahl der Zinszahlungen pro Jahr. Bei jährlichen Zahlungen ist Häufigkeit = 1, bei halbjährlichen = 2 und bei vierteljährlichen = 4. |
| *Investition* | Ist der Zinssatz, den Sie für die gezahlten Gelder ansetzen. |
| *Kurs* | Ist der Kurs pro 100 € Nennwert. |
| *Nennwert* | Ist der Nennwert. Für den Fall, dass *Nennwert* nicht angegeben ist, verwenden einige Funktionen den Wert 1000 €. |
| *Nominalzins* | Ist die Nominalverzinsung bzw. der jährliche Nominalzins (Kuponzinssatz). |
| *Nutzungsdauer* | Ist die Anzahl der Perioden, über die das Wirtschaftsgut abgeschrieben wird. Diese Anzahl ist auch durch die Gesetzgebung festgelegt. |
| *Periode* | Ist die Periode, deren Abschreibungsbetrag Sie berechnen möchten. Für dieses Argument müssen Sie dieselbe Zeiteinheit wie für das Argument *Nutzungsdauer verwenden*. |
| *Perioden* | Ist die Anzahl der Zinszahlungen pro Jahr. |
| *Reinvestition* | Ist der Zinssatz, den Sie für reinvestierte Gelder erzielen. |
| *Rendite* | Ist die jährliche Rendite. |
| *Restwert* | Ist der Restwert am Ende der Nutzungsdauer (Schrottwert) nach der Abschreibung. |

| | |
|---|---|
| *Rmz* | Steht für regelmäßige Zahlung. Der Betrag, der in jeder Periode gezahlt wird. Dieser Betrag kann sich während der Laufzeit nicht ändern. Üblicherweise umfasst *Rmz* die Elemente *Tilgung* und *Zinsen*, nicht jedoch sonstige Gebühren oder Steuern. |
| *Rückzahlung* | Ist der Rückzahlungswert pro 100 € Nennwert. |
| *Schätzwert* | Entspricht Ihrer Schätzung, wie hoch der Zinssatz sein wird. Wenn Sie das Argument weglassen, wird der Wert mit 10 % veranschlagt. |
| *Wert1; Wert2;...* | Sind – meist – 1 bis 29 Argumente, die den Auszahlungen und den Einzahlungen entsprechen. |
| *Werte* | Ist eine Matrix oder ein Bezug auf Zellen, die eine Zahlungsreihe enthalten. Diese Zahlungsreihe muss mindestens einen positiven und einen negativen Wert umfassen. |
| *Zeitpkte* | Die Reihe der Zahlungstermine, also der Termine, zu denen die in Werte angegebenen Zahlungen fällig sind. |
| *Zeitraum_Anfang* | Ist die erste in die Berechnung einfließende Periode. |
| *Zeitraum_Ende* | Ist die letzte in die Berechnung einfließende Periode. |
| *Zins* | Ist der *Zinssatz* pro Periode oder zu einem bestimmten Datum, beispielsweise zum Emissionsdatum. |
| *Zr* | Steht für *Zeitraum* und beschreibt die Periode, für die Sie den Zinsbetrag berechnen möchten. *Zr* kann nur Werte im Bereich von *1* bis *Zzr* annehmen. |
| *Zw* | Steht für *zukünftiger Wert*. Das ist der Wert, den eine Reihe zukünftiger Zahlungen zum Endzeitpunkt wert ist. |
| *Zzr* | Steht für Anzahl der *Zahlungszeiträume* und gibt an, über wie viele Perioden eine konstante Zahlung – beispielsweise die jeweilige Annuität oder Rente – geleistet wird. |

# Index